Terza edizione: luglio 2017

Roma, Casella postale 6214

ISBN 978-88-227-1017-8

www.newtoncompton.com

Stampato nel luglio 2017 presso Puntoweb s.r.l., Ariccia (Roma)
su carta prodotta con pasta termomeccanica, senza utilizzo di cloro, proveniente da foreste controllate, nel rispetto delle normative europee vigenti in tema ambientale

Elisabetta Putini

101 cose da fare a Roma con il tuo bambino

Illustrazioni di Adriana Farina

Newton Compton editori

A Martina, alla sua rossa Meg
e al mio grigio Said

Introduzione

Roma è una città bellissima ma difficile, seducente ma caotica, unica ma estremamente complessa, dove è raro trovare qualcosa che sia davvero adatto ai bambini. In questo immenso museo all'aperto, attraversato dall'arte e dalla storia dell'uomo, tutto sembra posto su un piedistallo troppo alto e lontano dalla sensibilità dei più piccoli. L'obiettivo che mi sono posta, perciò, è di riuscire a proporre Roma in modo semplice e divertente, cercando di scovare luoghi capaci di risvegliare l'interesse e la fantasia dei bambini o raccontando le mille storie curiose, stravaganti e insolite che la città nasconde con cura.
Un genitore attento e amante di Roma sa che è possibile riuscire a farla amare anche a suo figlio: essenziale è trovare una chiave di lettura coinvolgente, che la trasformi in un spazio fruibile, alla sua portata. Quel genitore si accorgerà allora che visitare la città con i bambini è un'occasione unica anche per lui. E non solo per condividere esperienze ed emozioni, ma anche perché, attraverso i loro occhi, le loro domande e le loro osservazioni, tutto gli apparirà diverso.
Musei, monumenti e luoghi diventeranno il fondale di un grande palcoscenico in cui perdersi, incantarsi e sorprendersi insieme. Questo libro, con

le sue centouno cose da fare e vedere con i bambini, vuole essere lo strumento di questa piccola sfida: i percorsi e le attività proposti non sempre sono facili, ma tutti racchiudono in sé qualcosa di magico e curioso che li rende stimolanti. L'importante è che i bambini siano coinvolti nelle scelte, creando in loro aspettative e attese. Attraverso racconti, curiosità e giochi, Roma scenderà finalmente dal piedistallo: piazze, strade e vicoli acquisteranno un colore nuovo, i luoghi spalancheranno le porte e i monumenti cominceranno a parlare. La scoperta della città allora può trasformarsi davvero in un viaggio straordinario da fare insieme.

1.

CON *LUI* NEL PANCIONE AI CONCERTI DI SANTA CECILIA

Una delle prime cose nella vita di vostro figlio che potete fare insieme a Roma è andare ad ascoltare un concerto a Santa Cecilia: un'esperienza che inizia da quando le sue piccole orecchie sono appena accennate, gli occhi ancora chiusi e *lui* galleggia felice e contento nel liquido caldo del pancione. L'esperienza è aperta a tutte le future mamme, ma anche ai papà, per condividere un momento magico e importante, che nasce dal progetto Musica in-attesa, realizzato in Italia dall'AIGAM (Associazione italiana Gordon per l'apprendimento musicale). Ma è meglio raccontare bene di che si tratta, perché l'iniziativa è unica nel suo genere e merita veramente la vostra attenzione. Il concerto si svolge all'Auditorium di Roma: voi tre, seduti o sdraiati su un grande tappeto rosso, insieme ad altre famiglie nelle stesse condizioni. Tutti distesi, rilassati e con tanta voglia di ascoltare: mamma, papà e il pancione. Portatevi da casa un cuscino, per stare al massimo della comodità! Arrivano i musicisti, si dispongono intorno a voi e cominciano a suonare gli strumenti. L'atmosfera è insolita, dolce e sospesa, fatta di note, armonia, voce e movimento. Sono i solisti dell'Accademia Nazionale di Santa Cecilia e del Gordon Ensemble,

accompagnati dagli Insegnanti Associati AIGAM. Parte la musica, per il vostro piacere e il coinvolgimento assicurato anche di quell'esserino che c'è, ma non si vede. I brani eseguiti sono tratti per lo più dal repertorio classico, ma ci sono anche musiche speciali, composte proprio per voi che siete in dolce attesa, secondo princìpi volti allo sviluppo del pensiero musicale del bambino in età prenatale. A elaborare la scelta è stato un americano, il professor Edwin Gordon, dopo quasi cinquant'anni di ricerche e osservazioni, per arricchire il periodo della gravidanza di un'esperienza musicale fatta di ascolto, benessere e partecipazione condivisa. Ma il nostro professore ha fatto anche di più: ha inventato un metodo speciale di esecuzione e ascolto musicale, che continua anche dopo la nascita di vostro figlio. Così quando il piccolo sarà venuto al mondo, potrete portarlo ancora ad ascoltare musica e a seguire le primissime lezioni: basterà iscrivervi ai corsi di Musicainfasce, per bambini da 0 a 36 mesi. Oppure partecipare insieme ai numerosi concerti pensati ed eseguiti per piccoli ascoltatori da 0 a 5 anni. E la qualità è garantita. Tutte queste iniziative fanno parte dei programmi dell'Accademia Nazionale di Santa Cecilia, un vero tempio della musica dove poter cullare con dolci note il vostro piccolo compagno di concerti.
Per informazioni: 06 58157525
tuttiasantacecilia@santacecilia.it - info@aigam.it

Dalla gravidanza in poi

2.

Fare subito la conoscenza di mamma Lupa!

È un pomeriggio qualsiasi e siete a spasso con il vostro bambino dalle parti di piazza Venezia. Se vi viene voglia di salire sul Campidoglio, non esitate! Andate insieme a fare la conoscenza del personaggio più importante della città.

Il Sindaco? No, non è lui il personaggio da incontrare, ma una strana *signora* col mantello di bronzo, l'aria piuttosto feroce e due gemellini attaccati alle poppe. Sì, proprio lei, la mitica *Lupa Capitolina*, mamma di tutti i lupacchiotti di ieri e di oggi, raffigurata su stemmi, scudetti, ricordini, manifesti, monumenti e molto altro ancora. Non si può conoscere veramente Roma senza aver conosciuto prima lei, simbolo della città, protagonista da sempre della leggenda più leggendaria, della fiaba più bella, poetica, dolce e insieme terribile che ne racconta le origini. Eccola: potete essere proprio voi a raccontarla a vostro figlio, mentre andate insieme a incontrare Mamma Lupa.

Tutto comincia con due gemelli appena nati, abbandonati in una cesta sul fiume Tevere, tremanti per il freddo e molto affamati. La cesta si ferma sull'argine, tra rami e foglie, mentre i piccoli piangono disperatamente. Tanto che una lupa che

passa di lì si commuove e comincia a leccarli. Poi li trascina nella sua grotta, dove li allatta e li tiene al caldo insieme ai suoi cuccioli. Certo, quella strana mamma è ruvida e pelosa, ma il suo latte buono li calma e li consola. Passano gli anni e i gemelli sono ormai due giovani forti e robusti: forse fanno i pastori e vivono in un villaggio di capanne sul colle Palatino. Uno dei due, Romolo, è molto ambizioso e vuole trasformare quel villaggio in una vera città, con grandi mura, regole da rispettare e un re come capo. Ma il fratello, Remo, ha avuto proprio la stessa idea e i due litigano per decidere chi ne sarà il fondatore. Meglio affidarsi alla sorte! Così, secondo un'antica usanza, si mettono a guardare il cielo: chi per primo vedrà un volo di uccelli fonderà la città. Sembra una buona soluzione, ma tutti e due giurano di averlo visto per primi, quel volo di uccelli. Chi avrà ragione? La risposta nessuno la sa. Romolo però è il più prepotente: traccia il perimetro della sua città e non dà retta al fratello che protesta. Anzi, gli dice di starsene lontano! Remo disobbedisce e lui lo uccide. Così diventa il primo re di Roma.
Per dirla tutta, le leggenda comincia prima della nascita dei gemelli, quando Marte, dio della guerra, s'invaghì della bella Rea Silvia. La ragazza, figlia del re Numitore, era una Vestale, cioè una suora d'altri tempi, che Marte, innamorato e testardo, voleva a tutti i costi: così Rea Silvia rimase incinta e partorì due gemelli. Un vero scandalo dell'antichità! E un gran pasticcio, di cui approfittò il crudele zio Amulio, che aveva soffiato il trono al padre della ragazza. Per paura che quei bambini, da grandi, rivendicassero il trono del nonno, lo zio cattivo pensò di rinchiudere Rea Silvia e di far spa-

rire i suoi figli. E ordinò che fossero abbandonati vicino al Tevere, in quella cesta dove la Lupa li trovò. Perciò la leggenda di Roma è anche la storia di Mamma Lupa: senza di lei niente sarebbe successo, i gemelli non sarebbero sopravvissuti e la città, magari, l'avrebbe fondata qualcun altro o forse nessuno. E senza Roma, tutto sarebbe diverso! Anche per voi, che oggi non stareste qui, sul Campidoglio, per presentare al vostro bambino la mitica protagonista di questa storia. Chiedetegli se è pronto all'incontro e poi andate a cercarla nei Musei Capitolini. È lì che la troverete. Entrate nel Palazzo dei Conservatori: c'è una sala dedicata a lei, che si chiama proprio Sala della Lupa.
Eccola, a grandezza quasi naturale, una signora d'altri tempi scolpita nel bronzo. Magra, un po' rigida, col pelo diviso sul collo in piccole ciocche ricciolute, che continuano sul dorso, fino alla coda. Mamma Lupa sta di profilo, con la testa girata verso di voi che la guardate. Ha le fauci semiaperte, i denti aguzzi e un'espressione più feroce che materna. Anche le sue zampe, magre e ruvide, sembrano in posizione di guardia. Ma è la sua pancia, forse, che vostro figlio osserverà più a lungo: piena di mammelle gonfie di latte, che i due gemelli stanno ciucciando. Sono loro che ci raccontano la storia leggendaria di Roma, antica e magica come un mito, impressa nella fantasia di tutti noi, grandi e piccoli. Proprio come succede per le fiabe.

Da 5 anni in poi

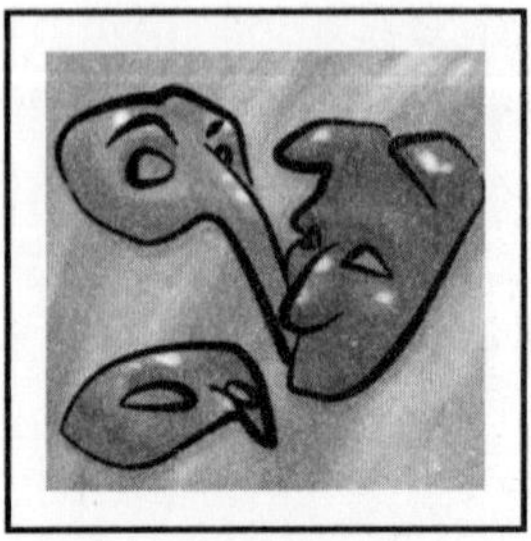

3.

IN UN MAGICO TEATRO, DOVE LE STORIE CORRONO SUI FILI DELLE MARIONETTE

Domenica pomeriggio è deciso: si va tutti a teatro, grandi e piccoli. Ma dove? Chiedete in giro, cercate su Internet, leggete il Trovaroma o le locandine affisse nel bar sotto casa. Ma ci vorrebbe qualcosa di veramente speciale per fare amare il teatro ai bambini, che sono sempre catturati dalla TV o da immagini veloci e sintetiche di dubbia qualità. Ma sì, uno spettacolo di qualità, nuovo (o molto antico), ma soprattutto così insolito da riuscire a coinvolgerli davvero.

Il teatro Mongiovino vi offre tutto questo: si trova in via Genocchi 15, alle porte della Garbatella. È un centro teatrale per bambini e ragazzi dai 3 ai 12 anni, ma la fascia può allargarsi, fino ad arrivare chissà dove, perché la dimensione del fantastico e dell'immaginario non può essere limitata dall'età. Perciò, per condividere con i bambini un'esperienza teatrale stimolante, è proprio il posto giusto. Il cartellone naturalmente cambia ogni anno, come le iniziative culturali, ma tutto è sempre segnato dalla *diversità* delle proposte, nuove e originali, per le tematiche, i linguaggi e le tecniche usate. Le storie raccontate piovono dall'alto, scen-

Il teatro delle marionette

dono e si animano sui fili delle marionette degli Accettella, che qui dentro sono i principali attori. Ma questi pupazzi, mossi dai fili e manovrati dalle mani dell'uomo, hanno un'anima e una tradizione antica: interpretano vicende e insieme narrano la loro storia e la loro evoluzione nel tempo. Le protagoniste sono più di quattrocento marionette (insieme ad altri materiali scenici), conservate ed esposte in questo teatro: una collezione affascinante e insolita, che vale proprio la pena di visitare. E quando arriva il momento dello spettacolo, ecco che il palcoscenico si apre a nuove esperienze di contaminazione, a rappresentazioni miste, in cui le marionette si mescolano al teatro d'attore, al mimo, alla danza, alla musica. Ma siccome una rappresentazione non è fatta soltanto di storie, attori e recitazione, ma anche di oggetti scenici, costumi, trucchi ed emozioni, il teatro Mongiovino propone ogni anno ai suoi piccoli spettatori e alle loro famiglie tanti laboratori creativi. Per imparare a fare e a costruire (con carta, colla, colori e altri materiali) tutto quello che serve agli attori per trasformare una storia in uno spettacolo. In questo spazio magico il divertimento è garantito per tutti: tra le rappresentazioni animate dalle marionette o dai personaggi in carne e ossa, tra i laboratori e le altre attività proposte, la vostra domenica pomeriggio con i bambini può trasformarsi in un'esperienza intensa e condivisa. E con il teatro sarà amore a prima vista, nonostante i videogiochi e la TV!

Da 3 anni in poi

4.

Al MAXXI, in cerca di una sala che si lancia nel vuoto

Un luogo delle meraviglie dove andare con vostro figlio è il MAXXI, il Museo Nazionale delle Arti del XXI secolo che lo lascerà a bocca aperta per lo stupore. Tutto è gigantesco e dalle forme insolite, dall'edificio progettato dalla celebre architetta irachena, Zaha Hadid, alle opere che espone. Si trova in via Guido Reni, a due passi dall'Auditorium. Varcato il cancello, ecco un esterno con ampi spazi, strade di sassi di un bianco accecante e subito gigantesche e curiose installazioni che vi accolgono, accompagnandovi nell'atrio della biglietteria. L'interno ha tubi di luce rossa, scale e pedane volanti che si intersecano, quasi a imitare un percorso di montagne russe, e soffitti altissimi con vetrate piene di luce. E in quell'atrio si trovano le prime opere stupefacenti, che catturano subito l'attenzione. Da lì inizia il percorso vero e proprio, che propone al visitatore, adulto o bambino, di far correre gli occhi dietro la fantasia, perché niente di quello che vedrà è come appare, nessun quadro, oggetto, video o installazione segue la logica o la misura delle cose comuni. Vi sembrerà di trovarvi in un parco visivo di proporzioni smisurate o nel museo di un gigante

matto. E arrivati al primo piano, salendo la scala panoramica da cui si può vedere il complesso spazio museale, percorrerete sale e corridoi con costruzioni bizzarre e oggetti insoliti esposti nelle mostre temporanee: potrete seguire il loro calendario sul sito del MAXXI (www.fondazionemaxxi.it), che segnala ogni mese gli artisti e le opere esposte. Ma consultando il sito scoprirete anche tutte le iniziative rivolte ai bambini e alle famiglie: esplorazioni guidate, laboratori didattici, baby-park con intrattenimento creativo, feste di compleanno giocose e istruttive, fino ai campus estivi, all'insegna dell'arte e dell'architettura.
Se invece volete essere proprio voi a presentare a vostro figlio questo spettacolare museo, dopo aver attraversato spazi smisurati, pareti mobili, strettoie, salite con lui verso la sala più alta, al terzo piano, che sporge oltre l'edificio di cui fa parte, come se fosse un trampolino luminoso che si getta nel vuoto, con le sue immense vetrate.
In questo mondo dell'arte e dell'architettura, che è anche fiaba, luna park, circo, parco dei mostri e museo del gigante, potrete cogliere con occhi diversi ogni cosa che vedrete e mettere continuamente in gioco la realtà. Voi godrete di quello spazio raffinatissimo e del senso metaforico (o del non-senso) delle sue opere. Vostro figlio coglierà aspetti e particolari che forse vi sono sfuggiti, con gli occhi dell'immaginazione che hanno i bambini e con quella capacità di vedere oltre che spesso ci lascia senza parole.

Da 3 anni in poi

5.

Come assistere in diretta al rapimento più famoso dell'antichità

Il *Ratto di Proserpina* è un capolavoro da non perdere quando porterete vostro figlio a visitare la Galleria Borghese. E non solo perché si tratta di un'opera meravigliosa, che si racconta solo osservandola, ma anche perché la Galleria è uno dei musei più ricchi e affascinanti della città, inserito in un contesto unico: una villa principesca nel verde di Villa Borghese. Così, se vi va, potreste cominciare proprio con una bella passeggiata nel parco per raggiungere a piedi l'ingresso di via Pinciana. Da qui si entra nel museo, dove ha inizio il vostro percorso di scoperta nell'arte e nel mito. Attraversate il piano terra, fino a raggiungere la sala del "fattaccio". Ecco, siete davanti a una scultura spettacolare, che ritrae due personaggi, Plutone e Proserpina: da questo momento potrete assistere in diretta al rapimento più famoso dell'antichità.
La scultura propone un antico mito, a cui si è ispirato il suo autore, Gian Lorenzo Bernini, usando il marmo e la sua bravura per raccontarlo. Il gruppo vi colpirà subito per la drammaticità e per le figure che si avvitano l'una all'altra, in una torsione che simula il movimento. La loro è una storia speciale,

che forse vostro figlio vorrà conoscere, anche per seguire meglio questa specie di cronaca diretta che l'autore ci propone. Proserpina, giovane e bella, era figlia di Cerere, dea dei campi e dei frutti. Di lei si invaghì Plutone, dio degli Inferi, che decise di rapirla e farla sua sposa. Il rapimento avvenne in una giornata di sole, mentre la ragazza coglieva fiori sulle rive di un lago. Plutone la afferrò, la imprigionò tra le braccia e la trascinò via: così Proserpina diventò regina degli Inferi, il luogo oscuro e sotterraneo dove abitavano i morti. La madre, disperata, pianse talmente tanto che ottenne da Giove di far liberare sua figlia e di permetterle di tornare sulla terra, a patto però che trascorresse con Plutone almeno sei mesi l'anno. Così gli antichi spiegavano l'alternarsi delle stagioni: ogni anno in primavera la terra si copre di fiori per accogliere il ritorno di Proserpina.
In questo gruppo, scolpito nei primi anni del Seicento, Bernini descrive il momento cruciale del rapimento, con particolari così realistici da sembrare veri. Fate notare a vostro figlio la mano di Proserpina che spinge e allontana da sé il viso di Plutone, mentre si divincola e tenta di sfuggirgli; e la mano di Plutone che affonda e lascia il segno nel fianco della ragazza, senza mai mollare la presa. E se volete stupirlo con un gioco speciale, potete proporgli di osservare l'opera da tre angolazioni diverse, perché ciascuna rappresenta un momento della cronaca narrata. Guardandola da sinistra, vedrà la presa al volo della ragazza; osservandola di fronte, noterà il trionfo di Plutone, che la tiene in braccio e la mostra come un trofeo; mettendosi a destra, vedrà il dolore e la rabbia di Proserpina, le sue lacrime che scendono e la sua preghiera al cielo. E

mentre tutto questo accade, ecco Cerbero, il cane infernale a tre teste, che si affaccia sulla scena con i suoi terribili latrati. Da questo gioco di osservazione, vostro figlio scoprirà che i dettagli e i momenti successivi della storia sono raccontati in un'unica, rapidissima sequenza di immagini. Che spaventa e incanta per la forza e le suggestioni che trasmette.

Da 10 anni in poi

6.

A CACCIA DI ANIMALI DI PIETRA, TRA MONUMENTI E FONTANE

Roma è la città degli animali pietrificati. È come se elefanti, leoni, cavalli, delfini, tartarughe (e molti altri ancora), colpiti da uno strano incantesimo, si fossero trasformati in statue, monumenti e fontane. Anche voi potete entrare nella magia e coinvolgere i bambini in un insolito safari fotografico in giro per la città. Lo zoo di pietra più spettacolare si trova a piazza Navona e questo potrebbe essere il punto d'arrivo della vostra esplorazione. Perciò lasciamolo da parte per un momento e andiamo a conoscere gli altri animali di pietra, disseminati qua e là fra strade, piazze e angoli nascosti di Roma. Può essere bello scoprirli così, per caso, in una passeggiata domenicale o mentre aspettate l'autobus; oppure seguire uno dei percorsi che vi suggerisco. Qualunque sia la vostra preferenza, munitevi di macchina fotografica (indispensabile) e partite per questo divertente viaggio nella giungla cittadina. Il primo percorso è un po' lungo, ma il safari sarà ricco di sorprese. Al centro di piazza della Repubblica, nella grande fontana, un cigno, un cavallo, un delfino e uno strano serpente fanno la doccia fra le Naiadi, ninfe delle acque. Dopo averli osservati e fotografati, puntate verso piazza del Quirinale, dove abitano due giganteschi cavalli in compagnia dei loro cavalieri, i gemelli Castore e Polluce: i cavalli si muovono, si alzano e sono così spettacolari che le foto, dal basso, saranno uno schianto. Da qui, scendendo per via della Dataria, arrivate alla fontana di Trevi, uno dei più sorprendenti monumenti di Roma. Sembra un palcoscenico, dove danno spettacolo anche gli animali: sono i cavalli marini che tirano il cocchio del dio Oceano, mentre due tritoni, metà uomo e metà pesce, li guidano nella corsa. Tra cascatelle e finte rocce, è il momento di fare altre foto perché quei due cavalli alati e bagnati meritano proprio di entrare nell'album del vostro safari.

Il secondo percorso si svolge intorno a piazza Barberini e parte dalla sua celebre fontana centrale, opera di Bernini, con quattro delfini che sorreggono un tritone seduto su una grande conchiglia. Ma nella piazza, quasi all'angolo con via Veneto, c'è una fontanella più piccola e defilata (anche questa di Bernini) con una conchiglia che si apre e scopre un vero e proprio alveare: le api volano e si posano dappertutto per celebrare la nobile famiglia Barberini, che ne aveva tre nello stemma. Dopo le foto di rito, risalite via Veneto e all'altezza del civico 70, ecco una fontana bassa, piccola e addossata al muro: è un abbeveratoio per cani e ne raffigura uno, con le orecchie lunghe, che si solleva sulle zampe anteriori come per affacciarsi in finestra.

Siete arrivati così al terzo percorso, che vi porterà dritti dritti alla mèta finale: ricordate a vostro figlio di scattare una foto a ogni animale di pietra che incontrerà nelle varie soste. Partite dalla piccola piazza Mattei, nel cuore del ghetto, dove si trova la fontana delle Tartarughe, che rappresenta una scenetta movimentata. Ecco quattro giovani, che immobilizzano con un piede la testa di quattro delfini, mentre spingono delicatamente una piccola tartaruga in bilico ad abbeverarsi nella vasca superiore. La tartaruga vacilla un po' e sembra perdere l'equilibrio... ma forse ce la farà! Appena il bambino l'avrà fotografata (e magari anche accarezzata), lasciate la piazzetta, attraversate largo Argentina e spingetevi fino a piazza della Rotonda, con la sua splendida fontana disegnata da Giacomo Della Porta. È una grande vasca (con una scogliera e un obelisco) abitata da strane creature di pietra: tra paurosi mascheroni, ecco delfini dal corpo allungato con le bocche che sputano acqua, serpentelli guizzanti fra gli schizzi e perfino una buffa scimmietta: chissà se qualcuno riesce a scovarla? Incamminatevi adesso verso piazza della Minerva, dove incontrerete un animale pietrificato veramente speciale, disegnato da Bernini. È un cucciolo di elefante, tarchiato e grassottello, e sembra veramente affaticato perché sorregge sulla schiena un grosso obelisco. Ed ecco finalmente piazza Navona, il punto di arrivo del vostro piccolo safari cittadino. Al centro della piazza, c'è la celebre fontana dei Quattro Fiumi (anche questa di Bernini), popolata da un gran numero di animali. Nascosti sott'acqua e tra le rocce ci sono grovigli di code, zampe, pinne, zoccoli; e in superficie eccoli apparire uno dopo l'altro: un cavallo, un leone, un serpente di terra e uno di mare, un dragone, un delfino e perfino una colomba. A casa, potrete raccogliere in un piccolo album le foto degli animali di pietra, per fare insieme il gioco del confronto. Come? Affiancando a ognuna l'immagine dell'animale in cane e ossa. E forse avrete qualche altra sorpresa.

Da 5 anni in poi

7.

In bici sotto i ponti del Tevere

Sarebbe bello farlo in primavera o in autunno, quando l'aria è tiepida e i colori romani sono spettacolari. Ma per lanciarvi in questa avventura la stagione non conta. Conta la voglia di condividere con i bambini una Roma diversa dal solito, un punto di vista rovesciato sulla città. Allora non resta che organizzarsi. Scegliete una domenica mattina, quando c'è meno traffico e l'aria è pulita. Caricate in macchina le vostre bici e partite alla volta di piazzale di Ponte Milvio: è da qui che inizia uno dei tratti più suggestivi della pista ciclabile lungo la banchina del Tevere, per un itinerario in bicicletta ricco di emozioni, fino a Porta Portese.
Non dimenticate tutto l'occorrente per la vostra pedalata, che non è poi così breve: anche se si svolge in pieno centro, pochi sono i punti di ristoro che incontrerete durante il percorso; perciò munitevi di acqua, qualche panino e una buona digitale (o un cellulare adeguato) per fotografare i luoghi più sorprendenti e i ponti sottosopra.
Da Ponte Milvio, seguendo la pista, dopo aver superato piazza Maresciallo Giardino, percorrete un tratto di marciapiede di Lungotevere della Vittoria, fino ad arrivare a Lungotevere Oberdan e a Ponte

Risorgimento. E' stato questo il primo ponte in cemento armato di Roma, costruito in occasione dei 50 anni dall'Unità d'Italia. In questo tratto si pedala con facilità sulla banchina in cemento e travertino: percorrendola, noterete molti circoli sportivi e barconi galleggianti ancorati sulla sponda del fiume. Quando il Tevere era balneabile, quei barconi erano stabilimenti o circoli nautici; oggi sono locali o ristoranti dove godersi un piatto di pasta in una cornice insolita per Roma, tra alghe di fiume, famiglie di anatre selvatiche e l'abbraccio dei ponti.
Proseguendo, infatti, arriverete all'altezza di Ponte Matteotti: da qui il tratto in banchina è quasi una pedalata nel verde, per la notevole presenza di vegetazione spontanea, ma anche l'occasione di sbirciare sotto il ponte, dove passa la rampa di risalita verso il Lungotevere. Se non ci avete ancora pensato, è questo il momento giusto per scattare qualche foto da sotto a sopra, come nel tratto successivo, che passa sotto il Ponte Nenni per arrivare fino a Ponte Margherita: il percorso è tranquillo, la banchina ampia, e anche qui costeggia alcuni barconi storici e un pontile di attracco in legno. Da questo punto in poi, però, la pavimentazione delle banchine torna a essere quella antica, in sampietrini, con qualche buca che merita attenzione.
Dopo essere passati sotto i ponti Cavour e Umberto I, finalmente incontrate lui, il Ponte con le ali, uno dei più spettacolari della città. Ponte Sant'Angelo ha origini antiche, ma raggiunse il suo splendore nel Seicento grazie al Bernini, che progettò la decorazione che potete vedere ancora oggi: una suggestiva processione di angeli alati, giganteschi guardiani del Tevere e della sua storia. Da qui, passando sotto

Ponte Vittorio, Ponte Principe Amedeo d'Aosta e Ponte Mazzini, arrivate a Ponte Sisto, uno dei più antichi di Roma, restaurato parecchie volte nel corso dei secoli. Occhio al ponte: vedete quel grande foro centrale? I Romani lo chiamano Occhialone e anticamente era usato come idrometro per misurare il livello dell'acqua, durante le piene del fiume. Seguendo ancora la pista, ecco Ponte Garibaldi, costruito nel 1888 e ristrutturato negli anni '50; se riuscite a osservare le sue colonne, scoprirete che raccontano le imprese dell'Eroe dei due Mondi. Continuando a pedalare lungo il fiume, arrivate a Ponte Cestio che, insieme al Ponte Fabricio (sul lato opposto del fiume), fu costruito intorno al 50 a.C. per raggiungere l'Isola Tiberina. Ammiratela da qui in tutta la sua bellezza: un tratto di terra a forma di nave, che galleggia sull'acqua. Superato l'edificio del San Michele, arrivate al Ponte Sublicio, dove scende una rampa di accesso lungo il Porto di Ripa Grande. Il Ponte, progettato dall'architetto Piacentini e inaugurato nel 1918, porta il nome dell'antichissimo ponte che sorgeva nei pressi, costruito da Anco Marzio, uno dei sette Re di Roma. Da qui lungo il fiume, sulla sponda opposta, si scorgono i resti dell'antico porto romano. Siete quasi arrivati al traguardo: pedalate fino al tratto che costeggia la zona di Porta Portese, dove c'è una rampa per risalire sul Lungotevere. E' qui che termina il vostro itinerario in bici sotto i ponti di Roma, proprio nei pressi del Mercato delle Pulci più famoso della città. Sarebbe un'ottima occasione per farci un salto, ma forse sarete troppo stanchi. Meglio rimandare a domenica prossima!

Da 7 anni in poi

8.

In cerca di civette a Villa Torlonia

C'era una volta un principe, malinconico ma pieno di fantasia, che abitava all'ombra delle palme. Il suo motto era "Sapienza e solitudine" e tutti potevano leggerlo, perché era scolpito nella pietra sopra la porta di casa. Nerissimi pipistrelli di stucco volavano in girotondo nel cielo dipinto di blu della sua camera, illuminata da un lampadario decorato con le civette. E la civetta, misterioso uccello notturno, era la sua immagine preferita, tanto che, ancora oggi, si affaccia e appare in ogni angolo della sua casa. Con una favoletta simile a questa, potete cominciare la vostra visita con i bambini nella Casina delle Civette, dentro il parco di Villa Torlonia. È una favola molto veritiera, perché spiega il nome di questo luogo incantato e traccia il profilo del personaggio che lo volle così e lo abitò fino al 1938: il principe Giovanni Torlonia jr.
In realtà questo edificio stravagante sembra proprio uscito da una fiaba, a metà strada fra il castello delle fate e la casetta stregata di Hansel e Gretel, quella di marzapane e cioccolata, che si poteva mangiare, ma nascondeva un terribile inganno. La nostra Casina, però, di inganni non ne

nasconde nessuno, ma di sorprese moltissime. Anche osservandola dall'esterno, si resta stupiti dai colori, dalle forme, dai materiali con cui è stata costruita: tutto sembra messo insieme da un bambino fantasioso che fa esperimenti e assembla pezzi di costruzioni, presi da scatole diverse. Ecco guglie, torrette e pinnacoli, tetti di maiolica dai mille colori, comignoli a cui manca solo il fumo, archi, colonne, portoncini e balconi, finestre con vetrate coloratissime, scintillanti di foglie, fiori, uccelli e, naturalmente, civette. Il tutto con forme stravaganti, corpi diversi che stanno insieme, linee tonde e rette che spezzano punte vertiginose. E intorno alla Casina corre il suo piccolo parco recintato, immerso nel verde del parco più grande. Se per caso i bambini non restano a bocca aperta davanti a tutto questo, provate con gli ambienti interni, dove si stupiranno davvero. E dentro le stanze, iniziate tutti insieme la vostra "caccia alle civette": ce ne sono tantissime, che volano dappertutto o aspettano il momento giusto per farlo, ferme sulle decorazioni, sui mobili, sugli oggetti, fino alle vetrate delle finestre. E forse stanno lì, pronte a fuggire via appena scende il buio, per appollaiarsi sul ramo di qualche albero del parco. Ma insieme alle civette, ecco sui vetri della Casina anche altri uccelli, che intrecciano le ali con tanti elementi della natura e tutti insieme celebrano il susseguirsi delle stagioni. Queste splendide vetrate artistiche, da sole, costituiscono un vero museo liberty, vivace e raffinato. Che vi piacerà moltissimo ammirare, mentre accompagnate i bambini in un luogo fiabesco a inseguire le loro fantasie... e qualche civetta scappata.

Da 5 anni in poi

Le civette a Villa Torlonia

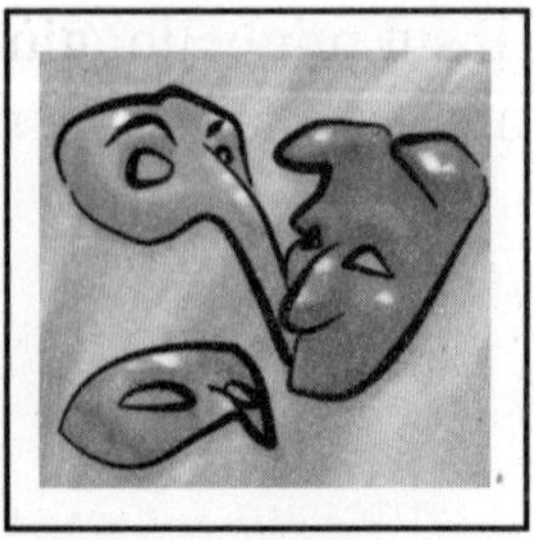

9. Una domenica al teatrino dei burattini, per sorprenderlo col segnale orario più rumoroso della città

Il Gianicolo è un colle fresco, ombroso e ricco di sorprese, che qualcuno chiama l'ottavo colle di Roma. Fra tutte le attrattive che offre ai bambini, ecco almeno tre buoni motivi per andarci con vostro figlio, meglio se in estate e meglio ancora la domenica mattina.

Il primo è il teatrino dei burattini, che ha circa mezzo secolo e ormai si può considerare uno dei monumenti di Roma. Il secondo è il cannone, che spara a mezzogiorno in punto. Il terzo è la terrazza, con il panorama più bello della città. Il teatrino dei burattini è una certezza, un baracchino di legno colorato che sta lì, in un angolo di piazzale Garibaldi, da cinquant'anni: lo avete visto voi, lo hanno visto i vostri genitori e allora perché non portarci vostro figlio? Anche i bambini super tecnologici di oggi possono rimanere incantati dalle storie sempre uguali, che hanno per protagonisti il Diavolo, Pulcinella, la Fanciulla e i severi Gendarmi, con i suoni nasali delle loro voci e i colori sbiaditi dei loro abiti di scena. E sul più bello, giù legnate! Così tutto si mette a posto, come per magia. I bambini sono sempre tanti davanti a questo spettacolo semplice e antico: con le bocche aperte e gli occhi all'insù, fanno il tifo, ridono, battono le mani. E alla fine qualcuno passa per ricevere un'offerta libera: un euro, cinquanta centesimi... Pulcinella ringrazia! Quel teatrino sopravvive con pochi soldi ma con molta passione. È quella che ci mette la famiglia Piantadosi, da quando il primo burattinaio è venuto qui, sul Gianicolo, nel 1959 e ha cominciato a muovere le mani dentro quegli straordinari "guanti" con la testa di legno che si chiamano burattini. Qualche anno fa il teatrino ha avuto perfino un riconoscimento dal ministero dei Beni Culturali, che lo ha premiato come una delle ultime testimonianze attive di Commedia dell'Arte. Ci sono spettacoli il sabato e la domenica: sempre di mattina, dalle 10:30 alle 12:00 e a volte anche nel pomeriggio, in base al clima o al numero degli spettatori. Per informazioni: 06 5827767. E visto che vi trovate qui, ecco pronta per voi la seconda sorpresa del Gianicolo. Basta prepararsi in tempo e spostarsi accanto alla balaustra della grande terrazza che si apre su Roma. Meno dieci, nove, otto... *Buuum!* Il suono di un cannone annuncia mezzogiorno in punto, con il segnale orario più rumoroso della città. Quel cannone fu voluto da papa Pio IX, indispettito dal fatto che le campane delle chiese romane non erano mai precise e battevano il mezzogiorno ognuna per conto suo. Sospeso durante le guerre, spara di nuovo dal 1959, lo stesso anno in cui il teatrino inizia i suoi spettacoli: da allora Pulcinella e il "botto" di mezzogiorno sono stati l'attrazione di tanti bambini romani. E per finire, godetevi con vostro figlio il panorama che si vede da questa spettacolare terrazza, magari provando a riconoscere il Quirinale («Ecco la bandiera!»), il campanile di Santa Maria Maggiore o il profilo di una cupola. Oppure abbracciando la città con un colpo d'occhio, senza riconoscere niente, solo per il gusto di quella vista magica, fra le sponde del Tevere.

Da 3 anni in poi

10.

In giro per negozi di giocattoli, come se fosse già l'inizio di un gioco

Andare per negozi di giocattoli con i bambini è divertente, ma anche pericoloso per il bancomat. Non andarci, però, può essere qualcosa di cui un genitore prima o poi si pente. Quel momento magico da condividere con vostro figlio vi sfuggirà in un baleno. Perciò non perdetelo, anzi godetevelo insieme, facendo patti chiari prima di uscire di casa. Nella ricerca del negozio da visitare, evitate (se potete) quei grandi magazzini dove il giocattolo è globalizzato e di moda, luoghi dove ci si perde fra chilometri di scaffali, dove la scelta non solo è difficile, ma quasi impossibile. In questi supermercati del gioco, il *gioco* quasi sempre non c'è: c'è piuttosto il suo commercio, frutto di una sapiente pubblicità. Mentre il giocattolo va scoperto, capito, sentito e un po' desiderato. Ma soprattutto va cercato, scelto con calma e con cura, in un ambiente intimo, giocoso e a misura di bambino. Se volete un consiglio, ecco una bottega romana di giocattoli dove andare a scegliere, a guardare, a comprare e anche a sognare un po' insieme. La trovate in via della Scrofa 65, la sua sede storica (per le altre sedi, cercate sul sito www.cittadelsole.it): è la Città del sole, un negozio di giochi e giocattoli diverso dagli altri. È diverso per quello che c'è, ma anche per quello che non c'è e per l'atmosfera che si respira. Ci sono giochi che credevamo estinti e classici sempreverdi a fianco di modernissimi sistemi di costruzione, di kit per gli esperimenti e di proposte per giocare con la natura e l'ambiente. Non mancano i giochi di marca, ma tutti di qualità, scelti e selezionati al massimo, proposti e pensati come strumenti per crescere, per stimolare la creatività attraverso l'esperienza, l'immaginazione, la curiosità. Il gioco creativo è il filo conduttore di tutto ciò che si trova nella Città del sole: il gioco puro, quello che diverte e porta nuove conoscenze, idee ed emozioni. E che instaura un "rapporto" duraturo con il bambino, perché risponde alle esigenze delle diverse fasi della crescita. Tutto il contrario di quello che fanno molti giocattoli di moda, destinati a essere effimeri: questi giochi *non* si trovano alla Città del sole, dove il valore del gioco è sottolineato anche dall'esposizione, dalle luci, dai colori e dagli angoli accoglienti. In un ambiente così i bambini si sentono nel posto giusto: gironzolano, si guardano intorno, sfogliano libri (ce ne sono parecchi) e si mettono a curiosare tra gli scaffali, prendendosi tutto il tempo che serve. Come se quello fosse già l'inizio di un gioco!

Da 3 anni in poi

11.

Chi ha fatto l'uovo a Villa d'Este?

Grasse galline rinascimentali erano allevate nelle campagne della nobile famiglia d'Este, per fornire uova freschissime ai cuochi incaricati del grande banchetto. Con quelle uova sarebbero state preparate pizze dolci e salate, salse e pasticci per arricchire le cento portate da servire nella grande festa inaugurale di Villa d'Este.

È il mese di settembre del 1572 e a quel sontuoso banchetto, offerto dal cardinale Ippolito, proprietario della villa, partecipa anche il papa Gregorio XIII. Gran parte della festa si svolge nei meravigliosi giardini, dove l'acqua zampilla, fra suoni e fiaccole, domestici affaccendati e buffoni di corte, che portano in processione quei piatti ricchissimi e rallegrano gli invitati con danze e capriole. Ma il povero cardinale, che aspettava da anni di inaugurare il suo gioiello, morì poco dopo la festa: una vera disgrazia, dopo tutti quei lavori alla villa e al suo giardino, che avevano coinvolto decine di architetti, artisti e giardinieri, sotto lo sguardo attento del suo geniale inventore: Pirro Logorio. Non vi sarà difficile immaginare tutto questo, quando porterete i bambini a visitare Villa d'Este, vicino

Tivoli, il gioiello di quel cardinale sfortunato, che aveva deciso di costruirla per consolarsi di una mancata elezione a papa. In quella sontuosa dimora, i giardini sono veramente qualcosa di imprevedibile: uno splendido paesaggio con più di quarantamila piante, che si sviluppa su vari piani, fra terrazze, vialetti e rampe spettacolari. E nel verde, ecco zampilli, cascate, vasche e fontane, dalle forme stravaganti, dove l'acqua fa mille giochi. Tutto questo costò a Logorio un lavoro lungo e impegnativo: le fontane erano alimentate senza usare nessun congegno meccanico, ma solo sfruttando la pressione e il principio dei vasi comunicanti. Il risultato potrete vederlo con i vostri occhi. Per una visita completa avrete bisogno di un paio d'ore. Iniziatela scendendo lo scalone a due rampe del palazzo e percorrendo verso destra il grande viale di fronte, fra sentieri e gradinate, fino ad arrivare alla prima fontana: quella di Pegaso. Da qui ne incontrerete una dopo l'altra: alcune sono veramente bizzarre, come la fontana dell'Organo, con un congegno che la faceva suonare, mentre l'acqua cadeva; altre più classiche, come quella delle novantanove Cannelle, con altrettanti mascheroni da cui esce l'acqua, che sembra non finiscano mai. È impossibile descriverle tutte e non ce ne è neanche bisogno: i bambini troveranno da soli la loro preferita. Quanto all'uovo, anzi alle uova fresche, ancora oggi le troverete nei dintorni di Tivoli, in una delle tante fattorie che le producono. Per fare un dolce o una bella frittata, una volta a casa, e ricordare tutti insieme quel fastoso banchetto.

Da 2 anni in poi

12.

Case romane nel sottosuolo di palazzo Valentini, tra reale e virtuale

Due strabilianti case romane antiche, grandi, lussuose e decorate da mosaici, sono state nascoste per secoli sotto strati e strati di terra, coperti dalle fondamenta di un palazzo cinquecentesco, nel centro di Roma. Solo da pochi anni sono venute alla luce: scavate, studiate, restaurate, fino a diventare oggi una delle principali attrattive della città, per grandi e piccoli. Dentro quelle case sotterranee è stato creato un percorso, che stupisce e incanta, per la straordinaria mescolanza tra reale e virtuale.

I bambini e i ragazzi non dovrebbero perdere l'occasione, unica nel suo genere, di assistere in diretta a quel ritrovamento e di conoscerne tutti i particolari, in un modo così avvincente da lasciarli a bocca aperta. Perciò vi consiglio di andare con vostro figlio a visitare le *domus* romane di palazzo Valentini, in via del Foro Traiano 85, per un viaggio nel sottosuolo di Roma che piacerà molto anche a voi. Basterà superare il primo momento di incertezza, perché camminerete su pavimenti trasparenti, come sospesi sulla storia che c'è sotto. Il percorso, guidato dalla voce di Piero Angela (che

lo ha curato, insieme a una équipe di esperti) dà nuova vita a tutti gli ambienti. Ricostruzioni virtuali, effetti grafici, restauri fatti con la luce fanno rinascere strutture, terme, saloni, decorazioni, pavimenti e pareti; simulano crolli e terremoti, vasche in cui gioca l'acqua, spazi che s'illuminano e si animano, voci che vengono dal passato. Tutto questo senza mai passare il limite che c'è tra un cammino avvincente nel tempo e un parco attrazioni, dove tutto è finto e appartiene al regno dell'immaginario. Nelle *domus*, invece, ogni particolare è vero, reale, visibile. E lo sarebbe anche senza quel percorso virtuale, che però lo rende comprensibile, vicino a noi e alla nostra portata, senza alterarne il fascino autentico. A vostro figlio sembrerà di esserci, in quelle terme private, nella lussuosa palestra o nel giardino con le colonne. E ci starà davvero, circondato dal buio suggestivo di quegli ambienti, dove una luce si accende all'improvviso e svela un reperto nascosto, un angolo misterioso o una scala che sale, dal presente al passato. Così le domus diventano anche un luogo esemplare, perché mostrano come sia possibile valorizzare un'area archeologica, già di per sé preziosa, con l'uso attento e raffinato delle nuove tecnologie.
Per informazioni: www.palazzovalentini.it

Da 7 anni in poi

13.

Piccoli brividi fra i Cappuccini

A Roma anche la paura ha un fascino antico ed è bello sentire un brivido lungo la schiena mentre si scoprono le cose più strane e misteriose della città. Perciò provate a proporre a vostro figlio una passeggiata fra gli scheletri. Forse vi sembrerà raccapricciante, ma provateci lo stesso, perché, si sa, avere paura piace molto ai bambini. E non preoccupatevi: ciò che vedrete è un orrido accettabile, composto e curioso, che per di più si trova in una chiesa, un contesto sacro che lo rende quanto mai sorprendente. In via Veneto 27, ecco Santa Maria della Concezione, nota come l'Ossario dei Cappuccini: un nome che è tutto un programma! È una chiesa del Seicento, che contiene all'interno opere d'arte preziose (un affresco di Guido Reni e quadri di autori famosi, fra cui Domenichino e Caravaggio). In apparenza è solo una bella chiesa, come ce ne sono tante a Roma. Eppure questo luogo insospettabile nasconde un macabro segreto. Basta scendere nei sotterranei e avvicinarsi alla cripta. All'ingresso non potrete fare a meno di leggere una targa su cui è scritto: "Noi eravamo quello che voi siete e quello che noi siamo voi sarete". Sembra l'indovinello della sfinge e invece è solo l'inizio di un percorso da brividi. Perché a pronunciare quella frase

sono gli scheletri che incontrerete una volta scesi nella cripta. Nel semibuio che vi circonda, ecco una dopo l'altra cinque piccole grotte oscure, piene zeppe di teschi e ossa di antichi frati. Questa cripta ossario è da sempre l'attrattiva principale della chiesa, così lugubre e inquietante, è vero, ma così curiosa e interessante che lascerà a bocca aperta il vostro bambino e forse anche voi. Con una visita guidata o girando da soli, scoprirete che questi sotterranei sono letteralmente arredati con i resti di quattromila frati defunti, con le loro vertebre, scapole e tibie che formano qua e là decorazioni, fregi, figure, festoni, ghirlande e perfino lampadari perfettamente funzionanti! E non solo. In questo ambiente surreale, vedrete anche alcuni corpi di frati interi e ben mummificati, rivestiti con il loro saio, circondati da ornamenti fatti con le ossa di centinaia di loro confratelli.
Ma perché questa scelta così raccapricciante? Perché usare le ossa dei defunti come se fossero decorazioni artistiche? Forse il vostro bambino, passato il primo momento di stupore, vi rivolgerà qualche domanda. Difficile rispondere: tutto ciò che avete visto in questa cripta sfugge a una piena comprensione. È soprattutto un'esperienza insolita, forse un po' horror, che però vale la pena provare. Proprio come facevano gli antichi viaggiatori del passato che, arrivati a Roma, avevano come mèta irrinunciabile l'Ossario dei Cappuccini. E chissà se anche loro avranno sentito qualche brivido di paura correre lungo la schiena!

Da 7 anni in poi

Piccoli brividi fra i Cappuccini

14.

CON LE MANI IN PASTA... PER DIVENTARE PICCOLI CHEF

I bambini, si sa, adorano cucinare, pasticciare o preparare piatti inconsueti, usando ingredienti di ogni genere, anche i più difficili da digerire: da una torta di sabbia decorata con alghe e conchiglie, a una lasagna speciale, fatta da strati di terra, foglie e legnetti del parco sotto casa. Quante volte per tenerli tranquilli li avete mandati in cucina a impastare acqua e farina o a preparare la loro "porcheria" a base di pane mollo, aceto, sale, zucchero e fondi di caffè! Altre volte, li avete coinvolti nella preparazione di un piatto serio, elaborato, e magari vi hanno stupito davvero!
Le manine dei piccoli sempre in movimento e la loro creatività fanno del rito della cucina lo spunto per uno dei loro giochi preferiti. E' un gioco antico, spontaneo, che non costa niente e ha radici profonde nel bisogno di imitare gli adulti, soprattutto la mamma, che li nutre e li alimenta dalla più tenera età, prepara cibi gustosi, mescola ingredienti, impasta, condisce, cuoce. Ma usare le mani per pasticciare in cucina è anche un momento casalingo, intimo e tranquillo, che i bambini sentono come importante oltre che giocoso. Per tutti questi motivi, può essere una buona idea proporre a vostro

figlio un corso di cucina: per trasformare un gioco casuale in un appuntamento fisso e divertente con lo chef, che lo terrà occupato in un'attività creativa, stimolante e magari anche utile. Da Eataly (a Piazzale 12 ottobre 1492, quartiere Ostiense), in uno spazio ampio, luminoso e super attrezzato, ecco i corsi di cucina più gustosi, a tutti i livelli e per tutte le età. I bambini possono seguirli da soli o accompagnati da un adulto, per imparare a preparare i primi piatti, i secondi e perfino i dolci. Si tratta di corsi di alta qualità, gestiti dai formatori di Slow Food, con metodo efficace e stimolante. I bambini dispongono di una loro postazione in cucina, di un'attrezzatura adeguata e di tutti gli ingredienti necessari alla preparazione dei piatti, mattarello compreso; ma soprattutto di una grande attenzione da parte dei formatori. Da Eataly è in funzione anche un Centro estivo per bambini e ragazzi da 6 a 12 anni: una scelta diversa dalle solite, un'esperienza di svago e di crescita, per scoprire la stagionalità dei prodotti e imparare a preparare ricette fresche, semplici e gustose, accompagnate da attività ludiche. E si pranza tutti insieme, in uno spazio esclusivo e con materie prime eccellenti.
Per informazioni: 06 90279280
corsiroma@eataly.it

Da 6 anni in poi

15.

ELEGANTISSIMI... DI "SECONDA MANINA"!

Con i tempi che corrono e i bambini che crescono in fretta, come si fa a non spendere una fortuna e a vestirli con abiti eleganti, divertenti e magari anche firmati? A Roma ci sono un paio di negozi che hanno fatto centro, proponendo ai genitori il capo usato di qualità: non solo per abiti e accessori, ma anche per tutti quegli altri articoli (come passeggini, libri, giocattoli ecc.) che passano in fretta, vengono utilizzati solo per poco tempo e scartati quando sono ancora come nuovi. Genitori e bambini che frequentano i negozi "di seconda manina" possono essere al tempo stesso clienti e fornitori. Così, se decidete di farci un salto con i figli, potrete vendere tutto ciò che i bambini non usano più ancora in perfetto stato, pronto per una seconda vita. E al tempo stesso potrete comprare ai vostri bambini vestiti, scarpe, accessori e le mille cose di cui hanno bisogno, a metà prezzo: un modo diverso, alternativo e intelligente di fare acquisti, senza sottostare alla logica del consumismo, risparmiando e rispettando l'ambiente.

Per non avere sorprese, però, è meglio andare solo in negozi seri e sicuri, dove non si accettano scarti, ma ogni articolo è controllato e selezionato con cura: pulito, impeccabile, morbido e perfetto, senza fili tirati e senza difetti. Sono così i due negozi che vi propongo. Il primo si chiama Biribaula, in via Aristide Leonori 120, nel quartiere Ardeatino. Anche qui funziona la formula cliente-fornitore: potete vendere le cose dei vostri figli e comprare quelle appena usate da altri bambini. L'altro negozio è nel quartiere Monteverde, in via Basilio Bricci 18 e si chiama SecondaManina: stesso controllo e stessa qualità. Per i nostri figli, bombardati dalla pubblicità di grandi marche e da campagne promozionali dell'usa e getta, i negozi dell'usato garantito hanno, in un certo senso, anche una funzione educativa: li abituano all'idea del risparmio, del riutilizzo, dello scambio e della condivisione dei beni, contro ogni spreco e consumo a oltranza. Che è un po' quello che si faceva tanto tempo fa nelle famiglie numerose, quando i vestiti del figlio più grande passavano via via ai fratelli più piccoli. Tutti eleganti e ben vestiti, di "seconda manina"!

Da 0 anni in poi

16. Tutti a curiosare nella palestra dei gladiatori

Tutti a Roma conoscono il Colosseo, il grande anfiteatro dove combattevano i gladiatori. Ma pochi conoscono la loro casa-palestra più importante, il *Ludus Magnus*. La trovate fra via Labicana e via San Giovanni in Laterano, a due passi dal Colosseo. Se decidete di andarci con vostro figlio, dovete sapere che tutta l'area è visibile solo dall'alto e per entrarci dovrete chiedere un'apertura straordinaria (facile da ottenere), telefonando allo 060608. Ma con o senza visita all'interno, questo posto merita proprio di essere visto: i bambini, si sa, sono sempre incuriositi dai gladiatori, che in questa casa-palestra vivevano tutti insieme e si allenavano ogni giorno. La sua struttura è ben visibile, soprattutto dall'alto: così se vostro figlio mette in moto la fantasia, può riuscire a immaginarli in quegli ambienti, in una giornata qualunque di tanto tempo fa. Aiutatelo con un piccolo racconto e vedrete che il suo interesse si accenderà ancora di più. Potete cominciare dal nome, *gladiatore*, e dirgli che deriva da *gladio*, una spada corta che faceva parte del suo corredo da combattimento, insieme all'armatura, alla rete e al forcone. Con un'attrezzatura del genere, si capisce

subito che il suo mestiere era molto rischioso, anche più di quello di un soldato, tanto che non sempre era lui a sceglierlo. Chi iniziava questa pericolosa carriera era generalmente uno schiavo, un condannato a morte o un prigioniero di guerra; a volte un atleta disoccupato, che sperava di guadagnare qualche soldo; più raramente un nobile, che faceva il gladiatore per passione, per scommessa o per amore del rischio. Ma molti gladiatori di carriera riuscirono ad avere tanto successo di pubblico e tanti fan, da diventare ricchi e famosi: veri e propri divi, come i calciatori dei nostri tempi. Per arrivare a quel livello, però, e per mantenerlo, dovevano lavorare sodo: lo facevano nelle caserme specializzate, dove abitavano, osservavano regole molto dure, imparavano a combattere e si esercitavano, prima di esibirsi negli spettacoli.
Il *Ludus Magnus* era una di queste, la più grande fra le principali caserme romane. Oggi non si nota, ma si sviluppava su tre piani e un corridoio collegava gli ambienti alle scale per salire ai piani superiori. Gli alloggi dei gladiatori erano stanzette rettangolari con servizi, intorno a un grande giardino centrale ornato da portici, colonne e fontane. Al centro del giardino, c'era un anfiteatro per gli allenamenti: una copia perfetta del Colosseo, con le stesse proporzioni, ma in scala ridotta, dove i gladiatori simulavano il combattimento vero. Questo anfiteatro dei gladiatori non era poi così piccolo e poteva ospitare fino a tremila persone. Accessibile anche dall'esterno, era frequentato dai tifosi che volevano assistere agli allenamenti dei loro beniamini, proprio come succede anche oggi. Il *Ludus* era collegato al Colosseo da un lungo corridoio sotterraneo, che comunicava con i sotterranei

dell'arena, dove i gladiatori aspettavano il loro turno, prima degli spettacoli. Per il gran numero di tifosi che ogni giorno affollava la zona, questo corridoio nascosto permetteva ai gladiatori di passare indisturbati ed evitare l'assalto dei fan. Nelle vicinanze della caserma, c'erano altri edifici collegati al Colosseo, come lo *spoliarium*, dove i gladiatori morti venivano spogliati delle armature, e il *sanarium*, una specie di pronto soccorso per la cura dei feriti. Basterebbe la presenza di queste due strutture per mettere in discussione il fascino che i giochi gladiatori esercitano da sempre su tutti noi, grandi e piccoli. Giochi, spettacoli e gare in cui si rischiava la vita possono essere veramente così divertenti? Una domanda su cui riflettere, che riguarda il passato, ma anche il presente. Provate a discuterne con vostro figlio.

Da 8 anni in poi

17.

Come divertirsi con i vecchi giochi di strada a Trastevere

Ecco qualche suggerimento per una giornata a Trastevere in compagnia dei bambini, con un obiettivo divertente e bizzarro. Il quartiere oggi è molto turistico, sempre pieno di gente, in qualsiasi ora del giorno e della notte. Ma fino a una cinquantina di anni fa era il cuore di una Roma più genuina e popolare, una specie di paese nella città: tutti si conoscevano e si chiamavano per nome, la gente chiacchierava sulla porta di casa, mentre i bambini giocavano nei vicoli o nei cortili. C'era in giro un'atmosfera antica, fatta anche di povertà, di famiglie numerose, di panni stesi e di frittelle mangiate insieme all'aperto. Oggi tutto questo è scomparso, ma il quartiere mantiene quella sua aria paesana, anche se un po' finta, ricreata a uso e consumo dei turisti e dei romani, attratti dal fascino e dalla vivacità di ogni angolo. Ma se invece di entrare in una pizzeria, di fermarvi a una bancarella o di curiosare in una bottega, volete riscoprire con i bambini il vecchio Trastevere, portateli in un vicolo, uno qualsiasi, e mettete in scena tutti insieme i giochi di strada di tanto tempo fa. Proprio quelli che facevano i nonni quando erano bambini, con i pantaloni corti e le ginocchia sbucciate. Se l'idea vi piace, formate un gruppetto (da due a quattro giocatori) e poi via, tutti a divertirsi come matti! Potete cominciare con la classica campana, ma serve un gessetto bianco per disegnarla sul pavimento. Molti sanno come si gioca, ma pochi sanno che i trasteverini chiamavano *muriella* quel sasso piatto che veniva lanciato nelle varie caselle e che doveva essere recuperato ogni volta, saltellando su una gamba sola. Fra i giochi più tranquilli, il telefono senza fili era un altro passatempo tradizionale, che finiva sempre con un sacco di risate. Si può fare insieme, grandi e piccoli, tutti in fila addossati al muro del vicolo. Consiste in una specie di passaparola: il primo sussurra una frase sensata all'orecchio del secondo, che la sussurra al terzo e così via, fino all'ultimo della fila, che dovrà pronunciarla ad alta voce. Che pasticcio! Succede sempre che la frase viene storpiata e risulta buffa o irriconoscibile. Se è così, si continua nello stesso ordine, finché la frase arriva correttamente alla fine della fila. Allora l'ultimo prende il posto del primo e si riparte con un nuovo messaggio. E chiudiamo con la morra cinese, gioco di strada e di osteria, tipicamente trasteverino. Si gioca in tre, usando una mano ciascuno, che mima una di queste figure: chiusa a pugno per il sasso, aperta per la carta, con l'indice e il medio tesi e le altre dita chiuse per le forbici. Si conta fino a tre, si allunga velocemente il braccio e si mostra la mano, con una delle tre figure a scelta del giocatore. A ogni giro si fa il conto dei punti: il sasso vince sulle forbici, la carta vince sul sasso, le forbici vincono sulla carta. E vince sempre chi gioca... Buon Trastevere a tutti!

Da 5 anni in poi

18.

Pulcino o porcino? Piccola storia di un elefantino stanco

È bello passeggiare con il vostro bambino nel cuore della città, tra il Pantheon e largo Argentina: senza mèta, per il puro piacere di godervi il sole (quando c'è) e le ombre improvvise dei vicoli stretti e dei palazzi antichi. E magari fare una sosta in piazza della Rotonda, per scoprire la sua bella fontana piena di mascheroni o mangiare un gelato all'aperto o curiosare tra i mille negozietti che incontrate lungo il cammino. Ma è bello anche avercela una piccola mèta, non troppo impegnativa, e spingervi fino a piazza della Minerva, per fare la conoscenza di uno strano pulcino.
È chiamato così un piccolo Dumbo che sta lì, davanti alla chiesa di Santa Maria sopra Minerva, con un pesante obelisco sulle spalle. Sembrerebbe un tenero vezzeggiativo quel *pulcino*, per indicare un elefante cucciolo, gravato da un peso più grande di lui. Invece la parola è la trasformazione del termine *porcino*, perché ai romani che lo videro per la prima volta, l'elefantino di pietra sembrò subito un maialetto tozzo e un po' tarchiato, come schiacciato dal peso che porta. E così gli affibbiarono questo soprannome. Suggerite a vostro figlio di osservarlo bene, di girargli intorno: dalla testa,

con la proboscide e le grandi orecchie, ai fianchi coperti da una ricca gualdrappa, al sederotto, con la coda spostata da una parte. E poi raccontategli questa buffa storia, che riguarda da vicino il nostro "pulcino-porcino", cioè l'Elefantino della Minerva, scolpito verso la metà del Seicento da un grande artista dell'epoca, Gian Lorenzo Bernini.

L'artista fu incaricato dai frati, che abitavano nel convento della chiesa, di progettare un monumento per esporre il piccolo obelisco egiziano che avevano trovato nel loro chiostro. Bernini allora disegnò un bell'elefantino slanciato, con l'obelisco sulle spalle. Ma un certo padre Paglia cominciò a dire che quel peso lo avrebbe schiacciato e il corpo di marmo dell'animale si sarebbe spezzato, senza un sostegno sotto la pancia. E blaterò tanto da convincere papa Alessandro VII che il progetto dovesse essere modificato. Bernini perciò fu costretto a ridisegnare l'elefante, più massiccio e tarchiato, e a nascondergli sotto la pancia un grosso cubo di pietra, per sostenere il peso dell'obelisco. Poi, per mascherare quel cubo così brutto da vedere, appesantì ancora di più l'animale con una coperta decorata (la gualdrappa), che si nota lateralmente. Era molto arrabbiato, Bernini, di dover fare tutto questo, perché nessuno fino ad allora si era mai permesso di fargli osservazioni. Così giocò un brutto scherzo a frate Paglia e mise l'elefantino in una posizione tale da rivolgere il suo sederotto scoperto proprio verso il convento, che si trovava sul lato sinistro della chiesa. E così lo vediamo ancora oggi. Anzi, potete suggerire a vostro figlio di esplorare per bene il suo didietro: scoprirà il cubo di pietra fra le gambe e la sua coda spostata, in segno di sfida. E scoprirà anche che Bernini era un

Il Dumbo di Santa Maria sopra Minerva

tipo molto dispettoso. Ma ormai la statua era fatta: l'Elefantino senza leggerezza fu chiamato da tutti *er porcino*, che poi nel tempo si trasformò in *pulcino*. E così ci piace pensarlo: tenero e grassottello, con un peso troppo grande per lui. Tanto che verrebbe voglia di consolarlo un po'!

Da 5 anni in poi

19.

Entrare in punta di piedi nella chiesa più piccola di Roma

Se l'isola di Lilliput avesse una chiesa, forse somiglierebbe alla Madonna dell'Archetto. Ma quell'isola (narrata ne *I viaggi di Gulliver*) è solo un luogo immaginario, mentre questa chiesina, la più piccola di Roma, esiste davvero e si trova in pieno centro, a due passi da piazza Venezia. Eppure è così minuscola e defilata da sfuggire alla maggior parte delle persone che ogni giorno le passano accanto. Visitarla con il vostro bambino non è solo condividere un'esperienza curiosa, come quella di scoprire un edificio sacro in miniatura, ma è anche l'occasione per conoscere una delle tante storie prodigiose della nostra città, in bilico fra devozione e leggenda.

In un vicolo stretto, tra via dell'Umiltà e piazza Santi Apostoli, ecco un archetto chiuso da un cancello e poi questa piccola chiesa: graziosa, nascosta, perfetta nelle sue proporzioni, con un nome ufficiale molto più lungo di lei, Santa Maria Causa Nostrae Letitiae. Ma tutti la conoscono come Madonna dell'Archetto per via della sua storia, che risale a qualche secolo fa. Alla fine del Seicento, Domenico Muratori dipinse nel vicolo un'edicola sacra con l'immagine della Vergine: una delle tante edicole dedicate al culto di Maria che s'incontrano per strada, negli angoli di Roma. Ma questa Madonnella qualche anno dopo cominciò a muovere gli occhi e a compiere prodigi straordinari. Tanto che in breve tempo la sua edicola si riempì di fedeli in preghiera e di *ex-voto* per grazia ricevuta. Per proteggere tutte quelle offerte preziose dai furti, ma anche per evitare l'assalto dei devoti che si accalcavano ai piedi dell'edicola, i marchesi Savorelli (proprietari del palazzo), decisero di chiuderla fra due cancelli. Alla fine del Settecento, però, la Madonna mosse gli occhi di nuovo e le autorità religiose riconobbero il prodigio come miracoloso. Così, nel 1851 il vicoletto si trasformò in una vera e propria cappella, quella che vedi ancora oggi.

Il piccolo tempio, dichiarato monumento nazionale, è un vero gioiello neorinascimentale.

L'interno ha dimensioni minime e una sola navata, decorata da statue in gesso che raffigurano angeli. E sull'altare ecco l'immagine della Madonna prodigiosa, dipinta su pietra maiolica: la stessa che si trovava nell'edicola all'aperto e che ora sfavilla fra cornici dorate al centro della chiesetta.

Guardandovi intorno, noterete altri dipinti: sono di un tale Costantino Brugnoli, poco conosciuto in Italia, ma famoso negli Stati Uniti per avere affrescato la cupola del Campidoglio di Washington, una delle più grandi del mondo. E in un angolo, due campanelle suonano ogni giorno per annunciare le funzioni: la chiesa più piccola di Roma è attiva e aperta al pubblico ogni pomeriggio (dalle 18:00 alle 19:30) e la domenica per la messa (alle 19:00). In questo luogo minuscolo e appartato, che

pochi conoscono, potete suggerire a vostro figlio il gioco delle misure.
Basterà misurare con i passi (e in punta di piedi) il perimetro della chiesa e magari confrontarlo poi con quello della sua cameretta. Per scoprire chi vince in piccolezza!
Per informazioni: www.060608.it

Da 7 anni in poi

20.

Due chiacchiere con le statue parlanti

È un'usanza molto antica a Roma quella di dare la parola alle statue. Naturalmente non a tutte, ma solo ad alcune che, per tradizione, hanno questo dono. Il loro modo di parlare è silenzioso: si esprimono infatti attraverso pensieri scritti.

L'idea di andarle a conoscere stuzzicherà la fantasia di vostro figlio, soprattutto se gli racconterete il come e il perché di questa antica tradizione.

A Roma le statue "parlano" da circa cinquecento anni e l'usanza nacque per denunciare le ingiustizie e criticare il governo della città. Quando non c'era libertà di stampa né di espressione, quando non c'erano i blog né Facebook né altre simili forme di comunicazione globale, quando la gente comune non poteva parlare apertamente, ma solo segretamente, i cittadini scontenti o vittime di ingiustizie attaccavano un bigliettino (o appendevano un cartello) su alcuni personaggi di pietra, per affidare loro il compito di portavoce. Il biglietto, senza firma, era una specie di fumetto satirico, attraverso il quale la statua denunciava il suo dissenso. E ne diceva di cotte e di crude.

Sono sei le statue a Roma con il dono della parola:

la prima in piazza Pasquino, a due passi da piazza Navona. È chiamata proprio *Pasquino* e ha dato il nome alle *pasquinate*, cioè ai componimenti con cui le statue parlanti esprimevano il risentimento della gente nei confronti del potere, contro la corruzione e l'arroganza dei suoi rappresentanti. Oltre a essere la più famosa di Roma, *Pasquino* è anche l'unica statua parlante ancora in attività. E se andrete a conoscerla, vostro figlio non potrà fare a meno di notare tutti i bigliettini, i fogli e i manifesti che sono attaccati sul suo basamento. Le pasquinate di un tempo, anonime e pungenti, erano per lo più in rima e in dialetto romanesco. E quelle di oggi? Leggerle è sempre una sorpresa! Un'altra statua parlante è *Marforio*. Per incontrarlo dovrete entrare nel Palazzo Nuovo dei Musei Capitolini, in piazza del Campidoglio. *Marforio* è un gigante con la barba e rappresenta una divinità dell'acqua. Come mai una tranquilla statua romana sia diventata un agguerrito portavoce di proteste, nessuno lo sa. Fatto sta che era la seconda in ordine di importanza e quindi fra le più usate dai cittadini arrabbiati. La terza statua senza peli sulla lingua è l'*Abate Luigi*. La trovate in piazza Vidoni, dalle parti di corso Vittorio, appoggiata sul muro laterale della chiesa di Sant'Andrea della Valle: l'uomo raffigurato è sconosciuto e la fantasia popolare gli ha attribuito questo nome, data la vicinanza della chiesa. Chiacchierava molto anche *Madama Lucrezia*, l'unico personaggio femminile: un busto di epoca romana, alto circa tre metri, che si trova in un angolo di piazza San Marco. In via Lata (una minuscola traversa di via del Corso) si nasconde la più giovane delle statue parlanti romane, che decora una piccolissima fontana. È chiamata *Il*

Facchino e rappresenta un uomo che versa l'acqua da una botticella. Potete raccontare a vostro figlio che quel buffo personaggio era probabilmente un acquarolo, che vendeva l'acqua porta a porta, quando ancora non arrivava nelle case: un antico mestiere oggi scomparso.
Ed ecco, in via del Babuino, la nostra ultima statua parlante. Fa parte di una fontana e raffigura un tipo così goffo e deforme da essere paragonato a una scimmia: *er babbuino,* appunto, che ha dato il nome alla strada, alla fontana e a quella brutta statua chiacchierona.
Se il vostro bambino si è appassionato a queste storie, potete proporgli di continuare la tradizione delle statue parlanti anche a casa vostra. Sarà una specie di gioco segreto tra voi, comunicarvi le cose più spiacevoli o difficili da dire (brutti voti, rimproveri o altro), scrivendole su un post-it che attaccherete su una statua parlante domestica, come una bambola, un frullatore o una lampada da tavolo. E chissà che la cosa non sia utile oltre che divertente!

Da 7 anni in poi

21.

Dove conoscere un guerriero alato e il suo antico castello

Un grande castello che si specchia nel fiume, un guerriero alato che rinfodera la spada e un ponte antico, controllato a vista da dieci angeli guardiani. Sembra l'inizio di una fiaba e invece è uno dei posti più spettacolari di Roma. A Lungotevere Castello, ecco Castel Sant'Angelo e il suo ponte. Forse siete già stati qui con vostro figlio o ci siete passati tante volte, imbottigliati nel traffico dell'ora di punta. Ma il luogo merita una sosta o una seconda visita, lenta e pensata, perché sembra fatto apposta per incantare i bambini. Perciò procurati un'immagine del castello o del ponte, stampatela, ingranditela e modificate (o coprite) alcuni dettagli. Poi iniziate con vostro figlio una caccia ai particolari nascosti: vedrete che la ricerca lo appassionerà subito e il vostro percorso comincerà nel migliore dei modi. E non dimenticate di raccontare tutto quello che riuscite a sapere, perché le storie e le leggende qui non mancano e legano insieme, indissolubilmente, il ponte e il castello, che nasce durante l'impero romano come Mausoleo di Adriano, cioè come tomba dell'imperatore. Il ponte si chiamava Elio ed era la via di accesso al monumento funebre. Poi, nel tempo, il mausoleo si è trasformato, diventando una fortezza, una prigione, il rifugio dei papi e oggi un museo. Potete ripercorrere i vari momenti di questa trasformazione girando nel maniero, fra camminamenti, bastioni, prigioni e sale con antiche armature, fino alla spettacolare terrazza dell'Angelo. È proprio quell'angelo il protagonista di un episodio leggendario, che ha dato il nome a Castel Sant'Angelo e lo ha reso famoso come uno dei simboli della cristianità. Alla fine del Cinquecento, durante una terribile pestilenza, il papa organizzò una processione per chiedere a Dio la fine di quel flagello. C'era una grande folla e tutti pregavano insieme a lui. Ma a un tratto, in cima al mausoleo apparve l'arcangelo Michele: era sfolgorante e riponeva la sua spada nel fodero. La cosa fu interpretata come un segnale divino e infatti quasi subito la peste finì. Così quel grande angelo di bronzo fu messo là, nel punto in cui era apparso l'arcangelo, proprio per ricordare il miracolo della peste. Ma altri angeli si trovano nei dintorni e per vederli basta uscire dal castello e arrivare al ponte pedonale che avete di fronte. Suggerite a vostro figlio di percorrerlo con gli occhi in su, per non perdere nessun particolare dei dieci giganteschi angeli bianchi, che sembrano i guardiani alati del castello. Tutti hanno in mano i simboli della passione di Cristo e se il vostro bambino è un buon osservatore, può cercare quelli più facili da riconoscere, come la croce, la spugna o la corona di spine. Un momento di concentrazione divertente come un gioco, che forse renderà indimenticabile per lui questo luogo magico di Roma.

Da 7 anni in poi

22.

Fare indigestione di dolci ebraici in un'antica pasticceria del Ghetto

Una passeggiata con vostro figlio nell'antico Ghetto ebraico, può essere l'occasione per gironzolare in un labirinto di vicoli e piazzette, ma anche un modo per scoprire usanze e tradizioni della comunità ebraica romana, soprattutto quelle più immediate, che passano attraverso la gola. In poche parole per fare una bella scorpacciata di delizie culinarie, che risalgono alla tradizione antichissima della cucina kasher, regolata da norme alimentari legate alla vita religiosa. E forse a vostro figlio l'idea piacerà, soprattutto se la scorpacciata kasher che gli proporrete riguarda certi dolci squisiti, che si trovano solo qui.

In via del Portico d'Ottavia 1, c'è una pasticceria piccola, senza insegna, con le vetrine spoglie, che ricorda le botteghe semplici e povere di una volta. Ma come tutti sanno l'apparenza inganna, perché quel negozietto poco appariscente, che si chiama Boccione, è un vero monumento all'arte dolciaria degli ebrei romani.

La famiglia Limentani è l'unica erede di una tradizione che risale al Medioevo e tramanda le sue ricette (segretissime) di padre in figlio. Le specialità

di questo forno non sono poi tante, perché Boccione non segue la moda, ma si adegua piuttosto ai ritmi della giornata e alle festività. Così la mattina potete trovare i cornetti giganti (che si tagliano a fette), le veneziane morbide con la crema e le bombe fritte. Il pomeriggio, invece, è usanza sfornare i bruscolini di pasta caldi, incrostati di sale, esposti nelle enormi tielle piatte, che occupano tutto il bancone. Il venerdì (giorno prima dello *Shabbat*, dedicato al riposo) ecco la treccia con gli zuccherini e le ciliegie candite, il panettone, il pane del sabato e i tradizionali ginetti, biscottoni dall'impasto semplice, ottimi da spezzettare in un caffellatte.
Da provare senz'altro è la cosiddetta "pizza di beridde" o più semplicemente "pizza ebraica", piena di canditi, mandorle, pinoli e uva passa, che da sempre si prepara in occasione della nascita o della circoncisione di un figlio maschio. Una nota a parte meritano le torte: sono crostate chiuse, ricoperte di pasta, con ripieno di ricotta e marmellata di visciole, oppure di ricotta e cioccolato; e da sole valgono la visita.
Nelle periodo della *Pesach* (la Pasqua ebraica), qui si fa la fila per le celebri pizzarelle col miele, spettacolari polpettine dolci, impastate con cacao, pinoli, uva passa e tuffate nell'olio bollente.
Dopo una scorpacciata così, vedrete che il vostro bambino gradirà molto quella famosa passeggiata nel Ghetto, utile anche a voi per smaltire gli zuccheri e tutto il resto.

Da 3 anni in poi

23.

ARCHEOLOGO PER GIOCO AL MUSEO ETRUSCO DI VILLA GIULIA

Andare con i bambini a visitare un museo archeologico può essere un'arma a doppio taglio. I rischi ci sono, eccome, soprattutto in Italia, dove i musei non sono ancora luoghi accoglienti per i piccoli, le opere sono esposte senza spiegazioni adatte a loro e i percorsi sono pensati secondo logiche scientifiche piuttosto rigide. Così i bambini si annoiano, mettono il muso e vi tirano per la manica, perché non vedono l'ora di andare via. E inevitabilmente nasce dentro di loro l'idea che quello sia un luogo da evitare. Eppure far respirare ai bambini l'aria di un museo può essere molto salutare, perché lo sguardo si abitua al bello, al diverso, all'antico; perché dietro ogni opera c'è un uomo che l'ha creata; perché il museo racconta, e la storia è fatta di tante storie, cioè di vicende, fantasie, avventure, leggende che escono da ogni opera, vagano per le sale e si posano solo su chi le vuole ascoltare.

Il Museo Etrusco di Villa Giulia è un concentrato di queste storie, perché racconta la vita quotidiana, la religione, i miti e i riti di un popolo antico, che abitò in Italia prima dei Romani e che ebbe espressioni artistiche favolose. Ma soprattutto vicine all'immaginario dei piccoli. Vasi, affreschi, statue, statuette e oggetti di ogni tipo hanno il fascino dell'immediato, nei colori, nelle forme e in una straordinaria mescolanza di oriente e occidente. E in più questo museo si trova in una villa del Cinquecento, verde e bellissima a due passi da Villa Borghese: una cornice che, da sola, vale una visita con i bambini. Se decidete di passarci un paio d'ore con vostro figlio, potete cominciare proprio dal percorso esterno, con il magico ninfeo, per entrare poi nell'ala nuova del museo, che vi catturerà con le sue opere di grande impatto (come il *Sarcofago degli Sposi* o gli affreschi narrati della Tomba di Tarquinia), ma anche con quelle più piccole e curiose, come le statuette votive e gli oggetti di uso quotidiano. Ma se pensate che vostro figlio si annoi fra i reperti antichi, meglio non correre rischi e seguire un'altra strada: quella del laboratorio. Nel Museo di Villa Giulia, c'è uno spazio chiuso, grande e luminoso, una specie di gazebo a vetri, che si trova proprio nel bel mezzo del giardino: è il laboratorio per bambini, che propone ogni domenica un sacco di attività divertenti, collegate all'archeologia e al mondo degli etruschi (per informazioni: tel. 06 44239949). Come fare finta di essere un archeologo e partecipare allo scavo archeologico simulato, per scoprire come vengono alla luce gli oggetti antichi, sepolti sotto strati e strati di terra. Il laboratorio è didattico, ma appassiona i bambini, che scavano, trovano, esaminano i reperti con la lente, li misurano, li catalogano e poi li ricompongono. Così vasi e oggetti che dormono nelle vetrine di un museo diventano vivi nelle loro mani, acquistano un senso e un significato. La cooperativa ArteinGioco che gestisce

Al Museo Etrusco di Villa Giulia

il laboratorio propone anche altre attività, come il Banchetto degli Etruschi. È un laboratorio di tipo teatrale, pensato per entrare nel quotidiano di quel popolo antico: i bambini si vestono, si truccano, allestiscono il triclinio, preparano la tavola e interpretano diversi ruoli. Diventano così padroni di casa, invitati, servi, musici, danzatori... e tutti insieme mettono in scena il banchetto.
Chissà, forse dopo aver conosciuto gli etruschi così da vicino, sarà proprio vostro figlio a chiedervi di visitare il museo... e senza mettere il muso!

Da 5 anni in poi

24.

UNA PIPÌ MOLTO SPECIALE NEL BAGNO PIÙ PANORAMICO DELLA CITTÀ

Quando si va in giro con i bambini, uno dei problemi più frequenti è la pipì. Trovare un bagno pubblico decente a Roma non è facile, a volte si ricorre ai bar, scegliendo con cura quello che sembra più pulito. Ma non sempre la fortuna è dalla nostra parte e spesso bisogna far fare acrobazie al bambino, in un ambiente scomodo, seminterrato, che igienicamente lascia molto a desiderare. Perciò, se avete la fortuna di trovare un bagno pubblico, non solo pulitissimo e profumato, ma anche spettacolare, non lasciatevelo scappare! Consideratelo quasi un'attrazione della città, un luogo che vale proprio la pena di visitare.

Il bagno più panoramico di Roma lo trovate a piazzale Appio, dentro i magazzini Coin. Ma per entrarci dovrete seguire due regole fondamentali: farlo con la luce del giorno ed essere in compagnia di una figlia (ma anche di un maschio, a meno che non sia troppo grande). Infatti il panorama a sorpresa potrete godervelo soltanto da una finestra: l'ultima a sinistra dei bagni femminili. Ecco le istruzioni per l'uso. Dopo aver gironzolato un po'

dentro i magazzini, quando lei vi chiederà di fare la famosa pipì, proponetele di salire all'ultimo piano, dove c'è un piccolo bar e la mitica toilette delle donne. Prima di entrare, potete creare un minimo di suspense e annunciare a vostra figlia che la aspetta qualcosa di veramente unico: vi consiglio di portare da casa un binocolo e di consegnarlo a lei, che resterà stupita e comincerà a farvi qualche domanda. Non rispondete, fate i misteriosi e prendete tempo. Una volta dentro, puntate subito verso l'ultima porta a sinistra, girate la maniglia, entrate. La piccola finestra è un come un quadro a colori, che raffigura un frammento di Roma fra i più belli e insoliti della città. Vi sembrerà di essere quasi alla stessa altezza di quelle statue enormi, che si affacciano dalla sommità della basilica di San Giovanni in Laterano. Da qui vostra figlia, binocolo alla mano, potrà osservare bene le sei statue laterali, riconoscere i loro gesti e perfino le espressioni dei volti. Potete raccontarle, allora, che quelle gigantesche sculture di marmo (quindici in tutto) risalgono al Settecento e rappresentano alcuni santi vescovi, perché la basilica da cui si affacciano è la sede vescovile della città.
Intanto lo sguardo può spaziare verso un tratto delle mura Aureliane o verso il verde degli alberi secolari: è la scoperta di uno straordinario punto di vista della città, che pochi conoscono (come tale), per la pipì più panoramica che le sia mai capitato di fare.

Da 5 anni in poi

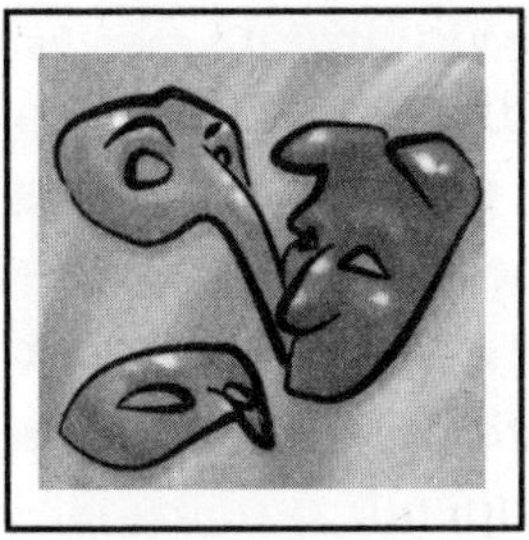

25.

Linguacce e boccacce agli orrendi mostri di via Gregoriana

Via Gregoriana è una piccola strada elegante e tranquilla, che parte in discesa da Trinità dei Monti fino a via Capo le Case, un tempo famosa per le sartorie storiche della città e ancora di più per quelle che confezionavano vaporosi abiti da sposa.

A prima vista, sembra una strada come tante altre, ma vale la pena andarci con vostro figlio, soprattutto se è un tipo curioso o appassionato di mostri di qualsiasi natura (che spesso esorcizzano chissà quali fantasie nell'immaginario dei nostri bambini). Sì, perché questa insospettabile strada è l'icona architettonica di uno dei percorsi più agghiaccianti di Roma.

Al numero 30, infatti, ecco la Casa dei Mostri. Non ci metterete molto a capire perché questo antico, straordinario palazzetto è chiamato così. Sembra uscito da un film di Harry Potter o dalla scena più paurosa di un cartone animato, in cui gli edifici assumono forme inquietanti e spaventose.

E invece il palazzo è vero e ha una storia di tutto rispetto. Fu costruito verso la fine del Cinquecento da un artista ambizioso e stravagante, Federico

Zuccari, che ne fece il suo studio-abitazione. Lo volle proprio cosi, con il portone d'ingresso e le finestre dentro enormi bocche spalancate, che si aprono su faccioni di mostri, dall'aria veramente cattiva... Ma vostro figlio, che di mostri è appassionato, non si spaventerà poi così tanto e forse gli verrà voglia di fotografare quegli orrendi faccioni e quelle bocche voraci, che stanno lì lì per inghiottire porte e finestre. Oppure vorrà fargli il verso e provare a imitarli, con una serie di boccacce e linguacce, che sono sempre molto fotogeniche! Un'occasione da cogliere al volo, perché di mostri come quelli di palazzo Zuccari a Roma ce ne sono ben pochi.

Bisogna fare un centinaio di chilometri sulla via Cassia e arrivare al bosco di Bomarzo per trovare qualcosa di simile. Anzi, i mostri di Bomarzo furono proprio il modello ispiratore del palazzo, e se lo dite a vostro figlio, non potrete fare a meno di portarcelo prima o poi. Fatto sta che Zuccari, con questa sua trovata architettonica, seguì la moda del tempo, quella del barocco e del manierismo, che puntava a suscitare stupore e meraviglia e a lasciare tutti a bocca aperta: portoni e finestre compresi!

Tra una foto e una raffica di boccacce, potete raccontare al vostro bambino quello che Federico Zuccari lasciò scritto nel testamento: alla sua morte il palazzetto doveva diventare la Casa degli Artisti, per accogliere quelli stranieri, di passaggio a Roma, oppure quelli che non potevano permettersi di pagare un affitto. Ma le cose non andarono così e lo spaventoso edificio passò da un proprietario all'altro fino a quando fu comprato da Enrichetta Hertz, che lo riempì di quadri e di libri.

Dalla sua ricca collezione di libri è nata la Biblioteca Hertziana, specializzata in storia dell'arte: un luogo magico e incantevole che oggi ha la sua sede proprio qui, nella Casa dei Mostri!

Da 5 anni in poi

26.

CHE FINE HA FATTO L'OMINO DELLO ZUCCHERO?

Qualcuno ha visto l'Omino dello Zucchero? Un tempo si incontrava a Piazza Navona, durante la festa della Befana. Ma da qualche anno le famose bancarelle natalizie che riempivano da sempre questo luogo spettacolare sono scomparse, sostituite da qualche malinconico tiro a segno e da una giostrina con i cavalli bianchi. Piazza Navona a Natale non sembra più la stessa. Quello che è strano, però, che insieme alle bancarelle, alle befane, ai babbi natale e alla magica atmosfera di festa pare sia scomparso anche l'Omino dello Zucchero. Svanito nel nulla. Volato via in una nube spumosa.
Lo cercano dappertutto, infatti. Anche sui social network ci sono appelli disperati, domande senza risposta. Che fine ha fatto? Chi sa darci notizie di quel dispensatore di gioia e di dolcezza allo stato puro? Chi l'ha visto? Forse è stato inghiottito dalla città che va di fretta, incurante del suo fascino antico. Antico come il mitico zucchero filato che manda nell'aria un profumo meraviglioso.
Ecco, basterebbe annusare quel profumo, forse, per vedere apparire l'Omino dello Zucchero, vestito di bianco, nel suo buffo chiosco mobile a forma di

bidone. Ma il profumo nessuno lo sente più e dell'Omino non si hanno notizie. E allora dove lo andiamo a stanare? Almeno due luoghi descritti in queste pagine potrebbero ospitarlo: se volete davvero dargli la caccia e offrire a vostro figlio una soffice montagna di dolcezza provate a cercarlo da Magicland (94) oppure a Villa Borghese (72). Intanto potete raccontargli questa strana storia. E' la storia di una magìa che solo il nostro Omino sa fare: tirare fuori, in pochi secondi, da una sola bustina di zucchero una nuvola enorme, spumosa, odorosa, dolcissima e molto appiccicosa di ottimo zucchero filato, a volte rosa, a volte celeste, ma quasi sempre di un bianco smagliante. Una nuvola intorno a un bastoncino, morbida come ovatta, buona come solo le cose dolci possono essere; così antica eppure senza tempo, così gradita ai bambini, che ci affondano dentro il viso, strappano fiocchi sottili e se la divorano in un attimo. Ma come si fa questo zucchero filato? E perché si chiama così?

Strano a dirsi, ma i suoi inventori furono due barbieri americani. Sì, proprio due barbieri che verso la fine dell'Ottocento costruirono la macchina per produrlo e lo chiamarono "Lana di fata". La macchina ebbe un successo strepitoso e qualche anno più tardi fece la sua comparsa anche in Italia.

Il procedimento è così semplice e geniale, che sembra proprio una magìa: si utilizza un contenitore in cui lo zucchero viene fuso dal calore, sprizza fuori attraverso piccolissimi fori e, a contatto con l'aria fredda, si trasforma in fili sottili, che si raccolgono in un recipiente. Così, basta far ruotare un bastoncino dentro quel recipiente per raccogliere i filetti di zucchero che, attaccandosi tra loro, di-

ventano batuffoli. Come sarà venuto in mente tutto questo a due barbieri nessuno lo sa. Fatto sta che hanno reso un servizio ai bambini di tutti i tempi, e non solo a loro!
Se intanto a vostro figlio è venuta l'acquolina in bocca e non può fare a meno di trovare al più presto l'Omino dello Zucchero, ecco un utile suggerimento: noleggiarlo! Da Kids Animazione (tel. 328 4591145) si affitta la macchina dello zucchero filato, con tutto l'occorrente per preparare e gustare nuvole dolcissime di vari colori, bastoncini compresi. Lo stesso servizio si può richiedere a Roma Animazione (tel. 328 9105096 – info@romanimazione.it), un'agenzia che organizza feste e propone "carrettini" di ogni tipo, dal gelataio allo zucchero filato.
L'Omino dello Zucchero è sicuramente rintanato in uno di questi spazi allegri e se la gode un mondo quando lo mandano in missione nelle case dei bambini.

Da 3 anni in poi

27.

Il vostro albero di Natale con le cupole più belle di Roma

Ecco un gioco divertente e creativo, che vi permetterà di inventare con i bambini un albero di Natale unico nel suo genere, ma soprattutto molto romano. Il gioco si svolge in due tempi, uno esterno e uno interno. Nel primo dovrete creare una piccola équipe fotografica (voi e i bambini) e uscire tutti insieme a caccia di cupole: ce ne vogliono almeno dieci (ma a Roma di chiese ce ne sono talmente tante, che non sarà difficile trovarle!). Possono essere antiche o moderne, grandi o piccole: basta che siano cupole, per dare un tema e una forma tondeggiante alle vostre decorazioni natalizie. Scelti i soggetti da fotografare, preparate un percorso (anche da fare in più volte) e partite per la prima spedizione, che potrebbe avere come mèta, ad esempio, la cupola di San Pietro. Quando avrete fatto il giro completo e i bambini avranno scattato foto a tutte le cupole, dovrete farle stampare su carta opaca (o stamparle in casa), avendo cura di ingrandirle perché siano più o meno tutte della stessa dimensione (almeno cm 20 x 25). Comincia ora la seconda parte del gioco: la decorazione delle foto, che la vostra piccola équipe realizzerà in casa. Munitevi di cartoncino bristol rosso, forbici, pennarelli oro e argento, bianchetto, colla, porporina di vari colori, più una cucitrice e un rotolo di cordoncino argentato. Procedete quindi, seguendo queste istruzioni: incollate le foto sul cartoncino rosso, quindi ritagliate per bene ogni cupola lungo le sue linee, per poi elaborarla, con tutta la fantasia che hanno i bambini. Alcuni tratti potranno essere colorati col pennarello d'oro o d'argento, altri illuminati con la porporina, altri ancora schiariti con il bianchetto. Ed ecco le cupole di Roma trasformate in sorprendenti decorazioni natalizie. Resta ancora la fase finale, quella del cordoncino, che potrete attaccare con due punti di cucitrice. E prima di appendere questi piccoli gioielli architettonici al vostro albero di Natale, scrivete il nome della cupola (o della sua chiesa) sul retro dell'immagine, usando il pennarello che preferite. Il vostro albero di Natale sarà molto originale e i bambini orgogliosi del loro piccolo capolavoro. Da questo momento in poi, quelle cupole di Roma le riconosceranno fra mille, dopo averle avute fra le mani, lavorate e trattate come palle di Natale.

Da 5 anni in poi

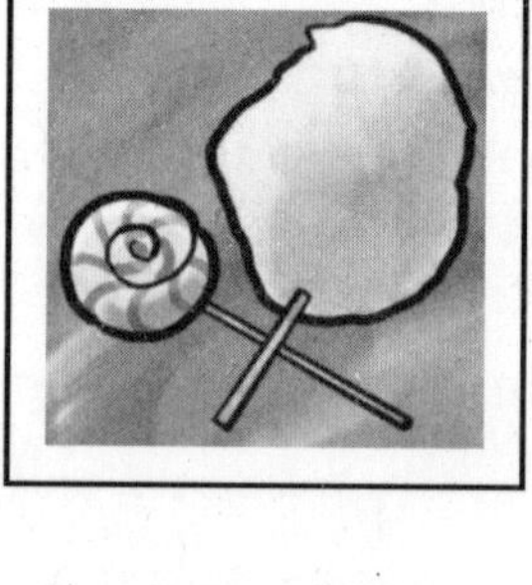

PREPARARE INSIEME L'ALBERO DI NATALE

28.

UN PERCORSO DIFFICILE NEI LUOGHI DELLA MEMORIA

Un percorso difficile per scoprire a Roma alcuni luoghi che ricordano momenti di profondo dolore, orrori della guerra, ingiustizie, persecuzioni: forse vi chiederete se è il caso di proporre a vostro figlio di visitare quei luoghi, di affrontare quei temi e magari deciderete che è meglio fare altro. O forse no. Perché conoscere serve a riflettere, a ragionare, a crescere: la memoria del passato può aiutare a capire meglio il presente e a pensare a un futuro diverso. Chi meglio di un ragazzo può cogliere questa occasione? Ma è una visita, questa, che va preparata con cura e condivisa profondamente, perché non può prescindere dal racconto storico e dalla riflessione su quegli anni terribili, fra il 1943 e il '44. Era il tempo in cui la nostra città fu occupata dai nazisti, durante la seconda guerra mondiale. Se nella vostra famiglia ci sono nonni, zii o amici che in quegli anni erano bambini, possono darvi una mano a raccontare. Anzi, a cominciare il racconto, perché il resto della storia è scritto proprio nei luoghi che visiterete insieme. Ce ne sono molti, purtroppo, a Roma e tutti hanno un velo di tristezza che li copre, ma che non riesce a nasconderli: sono il

Ghetto ebraico, il Mausoleo delle Fosse Ardeatine, la Casa della Memoria, il Museo Storico della Liberazione. E forse proprio quest'ultimo può essere la vostra mèta, perché da solo raccoglie e condensa tutto il senso della memoria. In un palazzo di via Tasso 145, il museo apre le sue porte su un capitolo molto amaro del passato. Quando Roma fu occupata dai nazisti, la polizia di sicurezza tedesca (Gestapo) insediò qui il suo comando e trasformò questo edificio in una caserma, con uffici e alloggi per gli ufficiali delle SS. Una parte di esso fu adibita a carcere, dove erano detenuti uomini e donne sospettati di ribellione ai nazisti. Il carcere era diviso in celle, con finestre murate, serrande abbassate e una piccola apertura sulle porte, protetta da un'inferriata. I prigionieri erano sorvegliati a vista e dormivano su tavolacci di legno o per terra: a tutti erano vietati libri e giornali, a nessuno era consentito scrivere lettere. Il loro tempo era scandito da umiliazioni, torture e interrogatori, che duravano giorno e notte, per sfinirli e costringerli a confessare. Nessuno sapeva mai se e quando sarebbe uscito vivo da qui.

Oggi questo museo, allestito proprio nel luogo in cui tutto ciò accadde, conserva le testimonianze dei condannati a morte: giornali, foto, documenti e oggetti. Ma solo visitando le celle e leggendo i graffiti incisi sui muri si può sentire la loro voce, fatta di poesie, messaggi in codice, frasi, lettere iniziate e mai finite. Sono muri che parlano: vale la pena starli ad ascoltare.

Da 10 anni in poi

29.

TUTTI INSIEME DA EXPLORA, PER SCOPRIRE UNA SOCIETÀ IN MINIATURA

In via Flaminia 80, ecco Explora, il Museo dei Bambini. Ma non è un museo nel senso comune del termine: non ci sono opere d'arte, né collezioni chiuse nelle vetrine; non ci sono allarmi né divieti e tutto si può toccare, vedere da vicino, sperimentare. È uno spazio da vivere, da esplorare, una città in miniatura, che mette i più piccoli in contatto diretto con i fatti, i mestieri e la realtà quotidiana: un luogo che fa crescere, nutre l'intelligenza e stimola la curiosità. E se vostro figlio ha un'età compresa fra 3 e 12 anni qui troverà un sacco di buoni motivi per passarci un pomeriggio intero, con tanto divertimento assicurato. Ma è importante chiarire subito una cosa: Explora non è una ludoteca e si chiama museo perché è uno spazio dedicato alla cultura, nel senso più ampio e corretto del termine, dove ogni proposta giocosa è finalizzata all'apprendimento, ogni simulazione trasmette contenuti, e il "fare finta" diventa un modo di scoprire e capire tante cose nuove, in un clima allegro, di generale benessere per i bambini. Il gioco in effetti c'è, ma è intelligente, strumentale e sperimentale. E l'esperienza di Explora riguarda

da vicino anche voi, perché questo percorso ludico-educativo fatto con vostro figlio può essere un bell'esempio di tempo libero speso bene insieme.
Quello che troverete entrando è uno spazio ampio, luminoso e curato nei particolari, con postazioni allettanti, tecnologicamente avanzate, e una grande varietà di proposte. In questa città in miniatura vostro figlio potrà scegliere il suo percorso ideale fra quattro sezioni, tutte molto stimolanti. La prima indaga i segreti del corpo umano, che si possono scoprire entrando virtualmente nella pancia della mamma, in un finto ospedale o in una bocca gigantesca. Dal corpo si passa poi alla sezione che osserva la società contemporanea: sulla piazza di Esplora troviamo un supermercato, una pompa di benzina, un camion dei pompieri e lavorarci è un gioco da ragazzi! C'è anche una piccola banca con pannelli che spiegano cos'è un conto corrente, cosa sono gli assegni e le carte di credito, a cosa serve, insomma, tutta la struttura logistica di un istituto di credito. La terza sezione, è dedicata all'ambiente, dove viene riprodotta una casa speciale, trasparente: così la luce entra e dà energia alle persone che la abitano. È una casa ecologica, alimentata dall'impianto fotovoltaico e rispettosa della biodiversità e ricicla i rifiuti che produce. L'ultima sezione è dedicata al mondo della comunicazione. Qui c'è da divertirsi davvero: si scoprono i segreti della tecnologia e si entra nel mondo dei mass media. Vostro figlio potrà sperimentare come e perché si comunica; potrà fingersi giornalista, entrare in uno studio televisivo e mettere su in quattro e quattr'otto una trasmissione o un telegiornale. Ma potrà anche fare il giornalaio

e simulare l'attività di un'edicola, o il postino e capire come funziona un ufficio postale. Una sezione a parte di Explora è dedicata ai bambini piccolissimi, fino a 3 anni: si chiama Piccoli Esploratori e vale la pena dargli un'occhiata, anche se non avete un figlio di quell'età. E poi c'è il bookshop, con incontri e letture animate; la caffetteria, il ristorante e il giardino, che nella bella stagione si riempie di giochi e di idee, per svolgere all'aperto tante attività. E non mancano le proposte per le feste di compleanno, i Centri estivi o i Corsi più innovativi: come Kitchen, che si svolge in cucina, luogo ideale per comprendere il significato di "consumo consapevole" e scoprire che proprio dal cibo dipende il futuro del nostro pianeta.
Per informazioni: 06 3613776 - info@mdbr.it

Da 3 anni in poi

30.

Come fare una scorpacciata di porchetta di Ariccia, senza andare ad Ariccia

Per uno spuntino diverso dal solito o per un pranzo veloce, potete proporre a vostro figlio una sosta golosa, riservata a tutti gli amanti della carne di maiale. Al numero 2 di via del Viminale, ecco Er Buchetto, un'antica porchetteria piccola piccola, in un locale semplice e profumato di aromi, che vende per pochi euro la mitica porchetta di Ariccia, dentro panini croccanti, fatti con la classica ciriola o con il pane casareccio. Un vera poesia per il palato!
La porchetta è qualcosa di più di un ripieno per panini: è un cibo storico, una tradizione antica, un piccolo trionfo di spezie e sapori. Anche un bambino che va matto per gli hamburger riuscirà ad apprezzarla, cogliendo subito la grande differenza che c'è tra quelli e il nuovo cibo che gli proponete. Mentre lui segue la preparazione del suo panino succulento, potete raccontargli che la porchetta altro non è che maiale pulito, cotto intero alla brace e ripieno di odori campestri. La sua ricetta è semplicissima, come la sua bontà, ma ricca di accorgimenti e segreti, tramandati nei secoli. Eccone le fasi principali: umettatevi le labbra e ascoltate

come si fa questa prelibatezza. Di solito si usano maiali grassottelli, che vengono puliti e disossati, guarniti di sale, pepe nero macinato e finocchio selvatico, con spicchi d'aglio e altri aromi, come il rosmarino, che cambiano a seconda dei gusti e delle usanze locali. La cottura si fa nei forni a legna e può durare fino a cinque ore: pronta e profumata, la porchetta si può mangiare calda, ma è buonissima anche fredda. L'ideale sarebbe accompagnarla con il pane casareccio di Genzano (o con quello di Lariano) e gustarla nei locali tipici, chiamati "fraschette", che si trovano in molti paesi dei Castelli Romani e soprattutto ad Ariccia, la patria della vera porchetta. La sua fama è tramandata perfino dalla storia romana. Si racconta che l'imperatore Nerone, mentre suonava l'arpa, cercava di far dimenticare agli ascoltatori le sue stonature invitandoli a sontuosi banchetti a base di maiale preparato in porchetta. Ancora oggi è difficile trovare un romano che non ami questa carne speciale o che non abbia mai chiesto «Per cortesia, ci metta anche un po' di crosta!». Ecco, se il vostro panino è quasi pronto, potete chiederla anche voi un po' di crosticina in più, prima di addentare questo piccolo miracolo gastronomico, che ha in sé la vera natura poetica del maiale. E senza bisogno di andare fino ad Ariccia, almeno per oggi!

Da 5 anni in poi

31.

Nel bosco di Bomarzo terrorizzati da un orco

Un parco "mostruoso" che meraviglia e incuriosisce a cento chilometri da Roma, sulla via Cassia: ecco una mèta obbligata per una gita con i bambini. Scegliete una giornata mite, ma non serve che brilli il sole, anzi un po' di nubi cupe e grigie potrebbero creare l'atmosfera giusta per questa vostra passeggiata da brividi nei giardini del Sacro Bosco di Bomarzo, chiamato anche Parco dei Mostri. Giganti leggendari, edifici deformati, orchi e draghi, creature infernali, orsi in agguato, animali a tre teste... appaiono e spariscono dietro alberi e cespugli, tra vialetti e dirupi rocciosi. Questa villa delle meraviglie fu voluta dal principe Pier Francesco Orsini, per creare uno scenario adatto alle sue più cupe visioni e al suo cuore spezzato. Quel principe, triste per la morte della sua amata, incaricò l'architetto Pirro Ligorio di ideare per lui un insolito campionario di presenze inquietanti, inserite nell'ambiente naturale più vicino al suo stato d'animo. Ligorio non se lo fece dire due volte e scatenò la sua fantasia: nacque così, verso la metà del Cinquecento, questo stravagante capolavoro che dura nel tempo, fra lo stupore di tutti i visitatori antichi e moderni che lo hanno attraversato.

Inizierete il vostro percorso passando di sorpresa in sorpresa, fra le figure scolpite nei grossi blocchi, che sembrano sorgere dal suolo come un prodigio. Ed è curioso notare come la vegetazione, la pioggia, il vento e il passare del tempo le abbiano consumate, scavate e in un certo senso riscolpite, cancellando certi particolari e accentuando ancora di più la loro stupefacente mostruosità! Varcato l'ingresso, ecco due terribili sfingi e un uomo barbato: stringete forte la mano al vostro bambino perché, dopo la seconda scala, vi aspetta un crudele gigante, che fa davvero impressione! Poco più avanti, vicino a una tranquilla cascatella, un'enorme tartaruga trasporta sul dorso una misteriosa figura femminile, mentre dalla terra spunta la testa di un mostro infernale. E dopo il Piccolo Ninfeo, ecco un'altra donna appoggiata a un drago, sormontata da due enormi mascheroni. Arrivate così al Grande Ninfeo e pochi metri più avanti alla Casa Pendente. Entrarci con il vostro bambino è un'esperienza da non perdere: tutto s'inclina e sembra oscillare, per una vera emozione da capogiro! E da qui vi lascio immaginare il seguito: poco contano le descrizioni scritte, perché solo visitandolo questo Parco dei Mostri può sorprendervi e terrorizzarvi davvero. Quindi è meglio non anticipare il resto, per non togliervi il gusto della scoperta. Che certamente vostro figlio vivrà come una bella avventura: perché i mostri finti, si sa, tengono a bada le paure vere!

Dai 5 anni in poi

32.

In visita ai gatti di Cesare nella colonia di Torre Argentina

Grigi, rossi, bianchi o neri, tigrati e chiazzati, piccoli o grandi, sani o malati... ma tutti, immancabilmente pelosi! Sono i gatti della colonia felina più famosa della città. Appollaiati su un capitello, in corsa tra una colonna e l'altra, giocano con la coda sui resti delle scalinate o si nascondono dietro un muro romano. Ce ne sono alcuni pelle e ossa, altri grassi e ben nutriti, altri ancora che si mettono in posa, seduti composti come veri gatti aristocratici, con lo sguardo verde e gli occhi socchiusi al sole di Roma. Se volete incantare vostro figlio con questo spettacolo, portatelo con voi nell'area archeologica di Torre Argentina, il luogo sacro abitato dai gatti dal 1929, anno in cui furono completati i primi scavi. Da allora inizia la storia di questa colonia felina: mici randagi e abbandonati, come obbedendo a un richiamo antico, arrivano e si stabiliscono qui, forse attratti dalla protezione che offre il sito archeologico, posto sotto al livello stradale. Largo di Torre Argentina è una piazza grande, sempre affollata, trafficatissima, circondata dai palazzi storici, dalla libreria Feltrinelli e dal teatro più famoso di Roma.

E al centro di tutto questo viavai cittadino, ecco la grande area archeologica recintata, quasi un mondo a sé stante, silenzioso e chiuso nella sua storia. Se raggiungete la torre medievale (quasi all'angolo con via Arenula) e vi affacciate, potete cercare con vostro figlio un podio solitario, fatto con grandi blocchi di tufo. Il podio è quello che resta della Curia di Pompeo, dove si riuniva il Senato romano e dove morì Giulio Cesare, colpito a morte dalle pugnalate di Bruto, più di duemila anni fa. Fra queste rovine antiche, piene di storia, vivono solo i gatti che hanno fissato qui il loro domicilio. Un altro piccolo mondo a sé stante, che risuona di fusa e miagolii. Ma da quando ci abitano loro, la zona è sempre frequentata anche da gattari e gattare, che li nutrono, li puliscono, li soccorrono e si prendono cura di quelli malati. Anzi, da parecchi anni si è costituita una vera e propria associazione di volontari (Gatti di Roma) coadiuvati da veterinari e sostenuti da contributi privati. Oggi i gatti della colonia, all'interno dell'area, hanno un locale al chiuso dove possono rifugiarsi quando piove o fa freddo, acqua corrente, assistenza medica, vaccini, pulizie e cibo due volte al giorno. Sul posto è stato predisposto perfino un bookshop, dove comprare libri e souvenir gatteschi il cui ricavato va all'associazione, che raccoglie fondi per migliorare le condizioni di vita dei gatti, la qualità del cibo e delle cure. Tutti i giorni, dalle 12:00 alle 18:00, si può entrare in questo insolito gattile: accarezzare i gatti, curiosare, acquistare un oggetto, adottare un micetto. L'Associazione non ha vita facile perché il numero degli abbandoni continua a crescere. Ma le cose sono un po' cambiate da quando, inaspettatamente, la colonia di Torre Ar-

☐ I gatti a Torre Argentina

gentina è diventata una mèta turistica: così i volontari organizzano dei veri e propri tour degli scavi, per mettere in mostra i piccoli felini nella magica cornice in cui abitano. Vederli qui, con i musetti furbi e il pelo un po' arruffato, serve a farli conoscere, sensibilizza la gente e favorisce le adozioni. Un'occasione da non perdere se volete prendere un gattino in casa. Ma anche se non è così, l'esperienza merita lo stesso e piace molto ai bambini. È un modo diverso di scoprire il passato, fra le rovine di un luogo sacro e senza vita, che si rianima improvvisamente. E i rumori del traffico cittadino, in lontananza, sembrano appartenere a un altro pianeta.

Per informazioni: 06.68805611
torreargentina@tiscali.it

Da 3 anni in poi

33. Lo spettacolo della città, dal basso verso l'alto e dall'alto verso il basso

Roma ha due punti di osservazione veramente speciali: dal basso verso l'alto e dall'alto verso il basso. Sembra una banalità, ma per Roma non lo è. Quando passeggiate con vostro figlio in una strada qualunque del centro o in certi vecchi quartieri, fra i palazzi di cento anni e più, suggeritegli di fermarsi un momento e di guardare all'insù.

E certamente scoprirà qualcosa di sorprendente: un'altana, un mostro dipinto, un fregio misterioso, una frase, un buffo animale, un'edicola sacra...

E se proprio non troverà niente di tutto questo, basterà un volo di stormi (molto frequente nella nostra città) o un tramonto rosso fuoco a non farlo pentire di avere il torcicollo a furia di guardare all'insù. L'altro punto di osservazione romano è quello dall'alto verso il basso.

Per provare questa nuova emozione non c'è che l'imbarazzo della scelta. Roma è la città dei sette colli ed è tutta un saliscendi naturale.

Ma non solo. Potete farvi venire l'affanno, a furia di salire e salire nei punti più elevati della città,

per guardare dall'alto un panorama, una veduta d'insieme o lo spicchio di un monumento nascosto, incorniciato dal verde, che sembra una cartolina. Fra terrazze, colli, scalinate, cupole e torri Roma vi dà mille possibilità per salire in alto e guardare lo spettacolo che si presenta sotto di voi: sempre vario, sempre diverso, tutto da scoprire.
Ma se volete portare il vostro bambino in un posto veramente speciale, salite con lui sulla terrazza del Vittoriano, il monumento dedicato al primo re d'Italia, Vittorio Emanuele II.
Grande, imponente, quasi invadente, delimita piazza Venezia con la sua facciata tutta gradoni e piattaforme. Arrivare sulla sua sommità sarà già una bella avventura. Soprattutto se invece di usare l'ascensore (a pagamento), deciderete di salire a piedi per la scalinata esterna, godendovi l'ascesa graduale con i suoi mille particolari.
Su fino a raggiungere il nostro punto di osservazione più alto: una splendida, enorme terrazza che si apre sulla città.
Si chiama Terrazza della Quadrighe (per quei carri con quattro cavalli, che vedrete vicinissimi) ed è veramente un posto unico, dove guardare Roma dal cielo, a trecentosessanta gradi.
Dalle cupole più piccole al cupolone di San Pietro, dal Tevere al Ghetto ebraico, dal verde del Gianicolo al Quirinale, fino all'immenso Foro Romano.
Sulla terrazza ci sono alcune tabelle con le sagome dei monumenti e il loro nome, in corrispondenza del punto di osservazione scelto: e può essere un gioco divertente fare a gara con vostro figlio a chi ne riconosce di più, per controllare poi il risultato e magari vincere un piccolo premio.
Che potreste anche concedervi nello splendido

punto di ristoro che si trova sulla terrazza. E vedrete che lassù ogni caffè, dolce o coca-cola avrà un sapore diverso, con tutto lo splendore che vi circonda e la città sotto di voi.

Da 5 anni in poi

34.

UN'INTERVISTA IMPOSSIBILE

C'è *Marco Aurelio a cavallo* al centro della piazza del Campidoglio. E ce ne è un altro, identico, dentro i Musei Capitolini. Quale sarà quello vero? Non è facile capirlo. Ma se vi va di proporre un gioco nuovo al vostro bambino, potete fare finta, insieme, di intervistare il cavallo dell'imperatore, che certamente vi svelerà il mistero. Basta dividersi i compiti: uno di voi due farà la voce del cavallo, l'altro quella del giornalista intervistatore. Siete pronti? Accendete un microfono immaginario e cominciate la vostra intervista. E magari provate anche a indovinare il quesito che il cavallo vi propone.

Intervistatore: «Scusi il disturbo, signor cavallo di Marco Aurelio, posso farle un'intervista? Sarei curioso di sapere qualcosa di lei e del suo imperatore. E vorrei capire perché mai ci sono due statue identiche che vi ritraggono. È disposto a parlare?».
Cavallo: «Ma certo! Non vedevo l'ora di fare due chiacchiere con qualcuno. Sono secoli che me ne sto qui, fermo e silenzioso! Cominciamo dal mio nome: quello vero non posso svelarlo, ma lei mi chiami pure Ponentino, veloce e fedele cavallo di Marco Aurelio. Il mio padrone era un grande imperatore, ma anche un filosofo: leggeva, scriveva,

pensava...e si accontentava di poco, per questo mi piaceva! Ma Roma era piena di problemi e doveva occuparsi lui di tutto. Poveretto! Costretto a lasciare i suoi adorati libri e a guidare le truppe, cosa di cui avrebbe fatto volentieri a meno!».
Intervistatore: «E della vostra statua, che mi racconta?».
Cavallo: «È una statua equestre: molti uomini importanti sono stati ritratti a cavallo. Modestia a parte, sopra di noi si fa sempre una gran bella figura! La statua è in bronzo dorato e ritrae il mio imperatore in un momento di trionfo. Guardi la sua mano destra: è sollevata verso la folla, in un gesto di pace, mentre la sinistra regge qualcosa che ora non c'è più. Perché non prova a indovinare che cosa? Le do tre possibilità: la frusta, le briglie, la mappa di una città. Scelga lei, non è difficile!».
Intervistatore: «Be', non saprei... forse guardando bene direi le briglie. Ho indovinato?».
Cavallo: «Sì. Ha indovinato. È stato bravissimo!».
Intervistatore: «Bene. Ma ancora non mi ha detto perché ci sono due statue di Marco Aurelio a cavallo in Campidoglio. Sono curioso! Può svelarmi il mistero?».
Cavallo: «È presto detto. La statua autentica risale al II secolo d.C. e ha avuto un grande restauro una ventina d'anni fa. Era stata all'aperto per tanto tempo e il freddo, la pioggia e il vento avevano lasciato brutti segni sul bronzo dorato, tanto che era necessaria una vera cura di bellezza. Così, una mattina, ci hanno tirato su con le funi e caricato sopra un camioncino rosso, per portarci in una specie di clinica per le statue. Lì siamo stati affidati a mani esperte, che per molti anni si sono occupate di noi. Il risultato può vederlo con i suoi occhi, se

va a curiosare dentro i Musei Capitolini: entri nel Palazzo dei Conservatori e cerchi Marco Aurelio a cavallo nella grande Esedra».

Intervistatore: «Oh, mamma mia! Il mistero s'infittisce! Ma se voi, cavallo e imperatore, siete dentro i Musei Capitolini, allora chi sono questi due qui fuori, al centro della piazza?».

Cavallo: «Siamo sempre noi, Marco Aurelio e il suo cavallo! Anzi, non proprio noi, ma una copia perfetta, interamente progettata al computer. Ben fatta, non dico di no, anche se io preferisco l'originale!».

Intervistatore: «Ma siete proprio identici?».

Cavallo: «Provi a controllare lei stesso. Poi mi saprà dire se riesce a trovare qualche particolare diverso».

Intervistatore: «Ci proverò! Ma mi piacerebbe conoscere qualche storia speciale sulla vostra statua. Ne ha una da raccontare?».

Cavallo: «Più che una storia posso raccontarle una leggenda. Deve sapere che la nostra statua di bronzo anticamente era tutta ricoperta d'oro e ancora se ne vedono piccole tracce qua e là. Be', per farla breve, su questa doratura, che oggi come vede è quasi scomparsa, è nata una specie di superstizione popolare, collegata al destino di Roma. Si dice che quando la statua tornerà a essere tutta d'oro... Roma finirà!».

Intervistatore: «In che senso finirà?».

Cavallo: «Nel senso che verrà distrutta dopo una serie di eventi catastrofici, come terremoti, inondazioni...».

Intervistatore: «Che profezia terribile! E conosce solo questa storia così spaventosa?».

Cavallo: «Mhhh... Veramente ce n'è anche un'altra,

che mi riguarda direttamente. Ma è così spiacevole che preferirei non parlarne».
Intervistatore: «Mi scusi, ma insisto... sa come siamo curiosi noi giornalisti!».
Cavallo: «È presto detto. Quando nel Trecento la nostra statua si trovava in Laterano, in occasione di un ricco banchetto, sono stato trasformato in una ridicola fontana, che da una frogia versava acqua e dall'altra vino. Che disonore! Una vera umiliazione per me, che sono un cavallo imperiale! Tanto che adesso, vede? Mi sento così imbarazzato, che preferisco tornare al mio silenzio...».
Intervistatore: «Oh certo, capisco. E la ringrazio molto di avermi rilasciato questa intervista sensazionale. Sarò l'unico al mondo ad avere avuto un simile privilegio! La saluto signor Ponentino, porga i miei omaggi al suo imperatore!».

Da 6 anni in poi

35. «Ooh!» alla fermata della metro Colosseo

È uno spettacolo da non perdere e da proporre al vostro bambino. Si svolge in un insolito palcoscenico, nel cuore di Roma, proprio davanti al Colosseo, e può essere anche una buona occasione per visitarlo. Dipende solo da lui: se sarà abbastanza incuriosito da ciò che vedrà, sarà proprio vostro figlio a chiedervi di entrare in questo famoso monumento romano che suscita tanto stupore. Ma andiamo per gradi. Lo spettacolo davanti al Colosseo potrete vederlo d'estate o d'inverno, in qualsiasi ora del giorno o della sera. E non serve la prenotazione, perché è del tutto improvvisato, affollato di attori e comparse che non sanno di esserlo e, per giunta, quasi gratuito: costa solo il biglietto di una corsa in metro. Prendetela dove più vi fa comodo e scendete alla fermata Colosseo della linea B. È indispensabile che abbiate con voi una macchina fotografica e un po' di pazienza, perché gli attori sono tutti dilettanti e non sanno che voi li state osservando! Mentre salite le scale verso l'uscita, consigliate al vostro bambino di cercarsi un buon punto di osservazione, vicino alla porta esterna. E di appostarsi lì, con voi vicino e con la sua macchina fotografica, in modo da co-

gliere sul fatto tutti i turisti che escono da quella porta: sono loro gli attori inconsapevoli del vostro spettacolo! Ecco, siete pronti, nella posizione giusta e sapete tutto quello che c'è da sapere. E allora via, si alza il sipario, godetevi lo spettacolo!
Lo fanno più o meno tutti, i turisti naturalmente, quelli che non sono abituati a mettere il naso fuori da una metropolitana qualsiasi e a trovarsi a pochi passi da questo gigante dell'archeologia romana, che sta lì in primissimo piano davanti alla porta di uscita. Osservateli bene. Arrivano distratti, soli, in coppia o in gruppo, chiacchierando o sfogliando una guida. Si avvicinano all'uscita, la oltrepassano e improvvisamente si bloccano. Alzano gli occhi, li riabbassano e poi li rialzano ancora, increduli, stupiti. Tanto che non mancano quelli che fanno «Ooh!» Oppure altri con uno sguardo talmente esterrefatto dall'inaspettata vicinanza del monumento, che non possono fare a meno di avere gli occhi sgranati che brillano e le labbra che avanzano leggermente e si stringono, fino a diventare ovali: come un grande «Ooh!!», appunto!
Ecco, se vostro figlio, dopo qualche minuto di osservazione, riuscirà a cogliere con le sue foto alcuni particolari di quelle facce, di quelle bocche, di quella meraviglia, è proprio un buon osservatore e un ottimo fotografo! Ma se dopo un quarto d'ora di appostamenti ne ha abbastanza di turisti e di foto, e magari è incuriosito anche lui dalla fonte di tutta quella meraviglia, forse vi chiederà notizie sul Colosseo. Allora potete dirgli che il suo vero nome era Anfiteatro Flavio, perché fu costruito nell'80 d.C., al tempo degli imperatori Flavi. E che era una specie di stadio, dove il popolo e l'imperatore assistevano a tanti spettacoli, spesso violenti

e sanguinosi: combattimenti di gladiatori, gare di caccia, lotte di uomini con animali feroci e perfino battaglie navali. Si chiamavano giochi, ma non avevano niente di giocoso. Soprattutto le lotte dei gladiatori, che combattevano fra loro o con tigri, leoni e coccodrilli, tanto che spesso qualcuno ci lasciava la pelle! Ma al pubblico di allora piacevano un sacco e avevano un tifo pazzesco. E se vostro figlio si è infervorato e vi chiede di entrare, portatelo subito davanti alla grande arena centrale, circondata dalle gradinate per gli spettatori. Ogni giorno ne arrivavano più di settantamila e senza pagare il biglietto! Quelli più poveri salivano in alto e avevano posti in piedi, mentre in basso c'erano i sedili riservati ai nobili e la tribuna dell'imperatore. Era proprio lui, l'imperatore, l'arbitro supremo dello spettacolo: votava per la salvezza del gladiatore ferito o decideva la sua morte. E mentre vi guardate intorno, con tutta la meraviglia che il luogo suscita ogni volta, potete raccontare al vostro bambino una piccola curiosità. Gli animali impiegati nel Colosseo erano chiusi in gabbia, nei sotterranei dell'arena. E quando arrivava il loro turno venivano portati su con antichi ascensori, che funzionavano con uno speciale sistema di carrucole. Così, all'improvviso si apriva una botola e le belve apparivano nell'arena, tra lo stupore di quegli antichi spettatori. E chissà se anche loro avranno sussurrato «Ooh!».

Da 7 anni in poi

36.

APPUNTAMENTO ALLA BIBLIOTECA DEI RAGAZZI, DOVE FIUTARE IL PROFUMO DEI LIBRI

È l'unica biblioteca romana completamente dedicata a bambini e ragazzi, un posto dove leggere e fare, un luogo che vostro figlio dovrebbe conoscere per un sacco di buoni motivi. Intanto perché è super specializzata nella letteratura per l'infanzia, con un grande assortimento di libri di qualità, che vanno dalla fiaba al romanzo, dai giornali ai fumetti e alle proposte multiculturali. E poi perché organizza ogni anno molte altre attività, come letture guidate o animate, laboratori, proiezioni, piccole mostre, presentazioni di libri o incontri con gli autori. Andare con vostro figlio in questa biblioteca fatta apposta per lui è un modo intelligente di avvicinarlo alla lettura e alla cultura, facendogli annusare quel profumo inconfondibile che hanno tanti volumi raccolti in un unico ambiente. I libri sono più di venticinquemila e tutti si possono leggere, consultare nelle sale o prendere in prestito. Se poi, oltre ai tanti volumi, ci sono anche giochi creativi, videogiochi, film e molto altro ancora, quel luogo può diventare per lui l'occasione di un piccolo appuntamento fisso con la cultura e con la fantasia. Questa è la proposta della

Biblioteca Centrale per Ragazzi, in via San Paolo alla Regola 15: due piani e tante sale di lettura, allegre, accoglienti, con tavolini bassi e scaffali pieni di classici e di novità; ma anche con persone competenti, per consigliare nelle scelte o indirizzare nelle ricerche. Sì, perché in biblioteca vostro figlio può trovare anche i libri più adatti per organizzare al meglio, tutto da solo, una tesina o un lavoro di ricerca scolastico.
E per i piccolissimi, c'è la Bottega dei piccoli, con due sale di lettura fatte su misura per loro, piene di libri-gioco e illustrati, di fiabe antiche e moderne e di storie così belle che è un piacere starle ad ascoltare. Qui, ogni settimana, si fanno le letture ad alta voce per i bambini, che le seguono incantati: sono momenti magici, fatti di parole, di gesti, di pause, con i personaggi che escono dal racconto e prendono forma nella voce di chi legge e nell'immaginazione di chi ascolta.

Da 3 anni in poi

37.

PICCOLI INVESTIGATORI IN UN SUPERMERCATO

Andare con i bambini al supermercato non è sempre un piacere, ma una necessità che spesso non diverte nessuno, né voi, né loro. File alla cassa, carico e scarico del carrello, trasporto di buste pesanti con i bambini che non stanno mai fermi: si annoiano, si agitano, si lamentano e ti chiedono di comprare le cose più impensate. Forse è meglio trovare qualcosa che li tenga occupati, durante quelle spese settimanali lunghe e faticose! Ecco un suggerimento per trasformare il tour de force in un percorso utile, curioso e divertente. Tre sono i giochi che potete proporre: smascherare la scadenza-scaduta; fare una piccola caccia al tesoro in cerca dell'etichetta con meno ingredienti; andare a scovare la "filiera corta".

Il primo gioco è facile e non ha bisogno di spiegazioni. Chiedere aiuto ai figli in questa impresa, li farà sentire piccoli investigatori alle prese con un caso da risolvere e poi aiuterà anche voi, che spesso scrutate con fatica quelle date sbiadite, illeggibili e nascoste, cercando di venirne a capo.

Per la caccia all'etichetta con meno ingredienti, il gioco si fa più complicato, prende tempo, li coin-

volge ed è anche educativo. Sbirciando fra le letterine microscopiche che elencano gli ingredienti, i bambini scoprono che meno additivi ci sono in un prodotto, più è sano e fa bene. Questa ricerca forse servirà perfino a far diminuire le loro richieste alimentari più pericolose, quelle con una lista lunghissima, piena di prodotti chimici e dannosi.
Per il gioco della "filiera corta", dovrete prima spiegare che cos'è un filiera: una serie di passaggi che compie un articolo in commercio nel suo viaggio dal produttore al consumatore. Se la filiera è corta e i passaggi sono pochi, il prodotto è più fresco. Nei supermercati Coop, ad esempio, nei banchi di frutta e verdura, solo i pacchi con il bollino rosso che dichiara "Appena Colto" rispondono alle regole della filiera corta e del km 0: pochi passaggi e brevi trasporti per non far perdere al prodotto fragranza, sapore e princìpi nutritivi. Questa piccola indagine, che impegnerà i bambini nella ricerca di quel bollino (o di un altro simile), sarà molto utile alla tranquillità della vostra spesa, ma anche alla sua qualità.
Finiti gli acquisti, riempite le buste, caricata e scaricata la macchina, siete finalmente a casa, con pacchi e pacchetti da mettere a posto nel frigo e nella dispensa. Provate a chiedere ai bambini di darvi una mano: vedrete che dopo tutte le loro indagini, si sentiranno così partecipi di quella spesa senza *segreti*, che finiranno per dirvi di sì!

Da 6 anni in poi

Giocare al supermercato

38.

Al Foro Romano, per scoprire come si divertivano i bambini antichi

Una bella passeggiata con i bambini al Foro Romano, magari in una mattina di primavera, per condividere un'esperienza che può diventare anche molto divertente. Se volete portare con voi una guida, è meglio sceglierne una speciale, scritta proprio per i più piccoli, e leggerla insieme a vostro figlio. Oppure stampare qualche pagina dal sito www.turismoroma.it, che dedica la sezione Piccoli Turisti Curiosi ai percorsi adatti ai bambini. L'importante è non appesantire la visita con troppe informazioni, ma renderla avvincente e condire il tutto con storie, leggende, curiosità e soprattutto giochi. Ecco, quella del gioco può essere la vostra chiave di lettura per scoprire il Foro Romano, la piazza principale di Roma antica. Man mano che camminate lungo la via Sacra, con la sua bella pavimentazione originale, potrete raccontare che nel Foro si svolgeva la vita quotidiana degli antichi romani e che tutti, proprio tutti, frequentavano ogni giorno questa grande piazza, per incontrarsi, fare due chiacchiere o discutere di affari. Anche i bambini gironzolavano nel Foro e si divertivano con i tipici giochi di strada. Provate a suggerire a vostro figlio di chiudere per un momento gli occhi e immaginare questa piazza come era un tempo, piena di gente frettolosa e di monumenti imponenti, tutti colorati. E qua e là gruppetti di bambini, che giocavano a pari o dispari, a mosca cieca, a campana, con la trottola o con un antico pallone, pieno di segatura, che andava sempre lanciato all'indietro. Le bambine povere cullavano la loro bambola di stracci con i capelli di stoppa e quelle ricche avevano bambole di lusso, con le braccia e le gambe snodate. I bimbi più piccoli agitavano sonagli di terracotta pieni di sassolini tintinnanti o si tiravano dietro un animaletto di legno, che camminava sulle sue rotelle. I più intraprendenti si organizzavano con i giochi di gruppo. Il tiro delle noci era molto gettonato a quel tempo: bastavano una ventina di noci e una paletta per scavare cinque buche nel terreno sterrato. Pronti al lancio, via! Vinceva chi riusciva a piazzare più noci dentro le buche, chiamate "fossette". Intanto i bambini più abili giocavano con il cerchio grande: camminando, lo tenevano dritto in bilico, spingendolo in avanti con una bacchetta, senza farlo cadere. I più pazienti, costruivano il loro aquilone e lo facevano volare aspettando il vento giusto, proprio come succede anche oggi. Ecco, se vostro figlio è riuscito a mettere in moto la fantasia e a immaginare tutto questo, potete garantirgli una piccola sorpresa che lo stupirà. Arrivate alla Basilica Giulia (sul lato destro del Foro, rispetto all'entrata) e cercate con attenzione sui gradini una piccola scacchiera quadrata, divisa in quattro caselle. Risale a più di duemila anni fa ed era la base per giocare a tris o filetto, un passatempo molto apprezzato dai bambini, ma anche dai grandi. Si giocava in due, tracciando a turno piccoli segni (cerchietti o croci) su scacchiere come questa e vinceva chi riusciva a inserire tre segni uguali, cioè a fare tris. E se adesso, esauriti i giochi, vedete che nello sguardo di vostro figlio si è accesa una lampadina di interesse, andate con lui a visitare i luoghi più sorprendenti del Foro, come la Curia, la Basilica di Massenzio, il Tempio di Vesta e la Casa delle Vestali. Che, se volete, possono trasformarsi in un percorso di gioco per il vostro bambino: basta fargli trovare i particolari misteriosi di un monumento, le parole difficili di un'iscrizione o mandarlo a caccia di figure geometriche e di foglie di alloro. Giochi tutti da inventare e da fare insieme, nella cornice magica di questa piazza antica.

Da 5 anni in poi

39.

I personaggi delle fiabe nel Museo delle Cere e altre curiose sorprese

Le malelingue dicono che fra tante cose che ci sono da fare e da vedere a Roma, il Museo delle Cere non è proprio niente di speciale: piuttosto piccolo e non troppo famoso, soprattutto se paragonato ad altri mitici fratelli europei. Eppure la sua caratteristica è proprio questa, perché non ci si aspetta, una volta dentro, di incontrare le sorprese che troverete, che riscattano il luogo e ne fanno un posto molto attraente, soprattutto per i bambini. Lo trovate in piazza dei Santi Apostoli 67, in pieno centro, all'interno di palazzo Colonna. Il suo percorso presenta personaggi e ambienti del passato: uomini famosi di varie epoche storiche, inventori, artisti e scrittori, che sfilano solitari o in piccoli gruppi nelle dieci sale tematiche.

Ma spuntano, qua e là, facce più emozionanti e curiose, eroi antichi o contemporanei, sportivi, attori, cantanti e vip dell'ultima generazione, che sorprendono per la scenografia che li circonda, per gli abiti che indossano e per la qualità della loro fattura.

Personaggi che è divertente osservare, perché mostrano una tale somiglianza con quelli veri e un

atteggiamento così tipico da sembrare cloni più che statue di cera. Questa è la prima sorpresa del museo. La seconda la scoprirete nell'ottava sala, interamente dedicata ai bambini.
Qui ci sono i protagonisti di alcune fiabe classiche, come *Biancaneve* e *La bella addormentata nel bosco*, ma anche fantastici animali preistorici: tutti eroi di un piccolo mondo incantato interamente realizzato in cera. La terza sorpresa è quella più curiosa, per cui vale veramente la pena visitare questo museo: ma per mostrarla a vostro figlio dovete programmarla, perché è solo su prenotazione. Si tratta di un laboratorio speciale, dove viene illustrato, passo dopo passo, tutto il procedimento per realizzare una statua di cera.
Gli artisti della cera costruiscono le loro opere in varie fasi, che qui vengono descritte e raccontate in tempo reale con tanto di esempi visibili e concreti. Partendo dalle foto del personaggio da rappresentare, cominciano a scolpirne la testa, in polistirolo, facendo poi una serie di calchi in argilla, gesso e gomma. Intanto la testa è stata suddivisa in due metà e su ciascuna viene colata la cera liquida, a cui si aggiunge il pigmento per colorare l'incarnato.
Ed ecco la parte più delicata: il raffreddamento ad acqua della cera e l'estrazione della forma dai calchi. Arriva quindi il momento delle rifiniture, a cominciare dagli occhi (in vetro soffiato), che vengono inseriti nelle orbite, per arrivare alla decorazione finale della faccia: venuzze, occhiaie, nèi, capelli, barba e baffi (dipinti o posticci) completano la testa del personaggio. Poi si passa al corpo, in legno e resina, con tanti snodi per le articolazioni e le posizioni che la figura dovrà assu-

mere una volta in piedi. Il tocco finale è dato dai vestiti, alcuni fatti in sartoria, altri autentici o d'epoca. Per ultime si inseriscono le mani. Ecco fatto: la statua di cera è pronta e può fare il suo ingresso nelle sale del museo.

Da 3 anni in poi

40.

GODERSI LO SPETTACOLO DEI KRAPFEN CALDI CHE PRECIPITANO NELLO ZUCCHERO

Il Siluro è un piccolo luna park in una pasticceria davvero speciale. Un luogo curioso e goloso in un bel quartiere d'altri tempi, tra palazzotti vecchi e strade alberate, al centro di Ostia. Può essere la mèta ideale per offrire a vostro figlio una merenda sostanziosa dopo una giornata di mare, oppure la meritata sosta dopo un giro in bici, o l'occasione per fare una gitarella fuori Roma con il solo, unico scopo di rimpinzarvi di dolci. Ma comunque lo metterete nei vostri programmi, quel Siluro sarà sempre una scoperta piacevolissima per il vostro bambino e forse anche per voi (se lascerete da parte le diete, il fegato ingrossato o lo spauracchio del colesterolo). L'importante è che tutti e due siate amanti dei krapfen fritti, con o senza buco, vuoti o ripieni, e che vi piaccia l'idea di assistere in diretta alla loro insolita e movimentata distribuzione: dalla friggitrice alle vostre mani impazienti, passando per il naso, investito dal loro profumo irresistibile.

Ma cominciamo dall'inizio e vediamo che cosa succede in questo angolo di paradiso dei golosi, che non tutti conoscono. Il mitico Siluro (alias Bar Paglia) si trova in piazza Anco Marzio, al Lido

Centro. Sembra un locale come tanti, ma appena entrato, il vostro bambino sarà subito attratto da uno strano marchingegno fatto con binari volanti appesi al soffitto, su cui scorrono cestelli pieni di krapfen bollenti, appena usciti dalla friggitrice. E non potrà fare a meno di restare incantato, perché quel macchinario insolito, muovendosi con rumore di ferraglie, farà precipitare i dolci caldi in una vasca piena di zucchero, dove mani esperte li rivolteranno ben bene, per poi depositarli in altre mani: quelle della folla in attesa. È questo il momento cruciale, preceduto da poche, essenziali parole, che tutti sono impazienti di pronunciare: «Semplice per me!», «Per me con la crema!», «Sì grazie, con la marmellata!». E quando arriverà il vostro turno, vedrete che vostro figlio avrà già l'acquolina in bocca e le idee molto chiare sulla scelta! Oppure avrà deciso di non scegliere (come fanno in molti) e di provarli tutti e tre, senza ritegno. E voi che farete, pensate di imitarlo? Qualsiasi sia la vostra decisione, poco dopo avrete la pancia piena, l'aria felice e i baffi di zucchero.
Se la scorpacciata di krapfen caldi, ripieni e silurati vi ha provocato una certa pesantezza, potete proporre al bambino di smaltirla con una bella passeggiata sul lungomare Toscanelli, in cerca della Rosa dei Venti. Basta arrivare al pontile della Vittoria, in piazzale dei Ravennati, con i suoi centocinquanta metri di lunghezza, che si allargano in una grande rotonda sul mare. Trovare lì la Rosa dei Venti sarà un gioco da ragazzi. Più difficile, forse, sarà la fase digestiva dei krapfen, detti anche "bomboloni", alla romana. E si capisce bene perché!

Da 3 anni in poi

41.

Con l'occhio nel buco della serratura più famoso della città, per spiare un segreto nascosto

Un portone nero, due maniglie e al centro una grande serratura. Non c'è nessuna chiave da girare, ma solo un segreto da spiare con il fiato sospeso. Cosa nasconderà quel portone misterioso? Per saperlo, basta appoggiare l'occhio vicino al buco della serratura, ed ecco apparire, come un miraggio, la cupola di San Pietro. Perfetta, centrata, incoronata dalla vegetazione, sembra dipinta proprio lì dentro, come una miniatura preziosa. La visione è nitida, la prospettiva sapiente e l'immagine arriva dritta alla pupilla di chi la osserva. Questo piccolo miracolo romano può essere vissuto anche dai bambini, anzi sembra fatto apposta per loro. Per andarci è meglio scegliere una mattina di primavera o d'estate, con il cielo nitido, oppure un pomeriggio all'ora del tramonto, quando tutto a Roma sembra ancora più magico. L'importante è che non ci siano troppe nuvole o il buio, che vi impedirebbero di godervi lo spettacolo. Tutto questo accade in piazza dei Cavalieri di Malta, sull'Aventino, a due passi dalle chiese di Sant'Anselmo e di Santa Sabina (che meritano una sosta).

La piazza è una piccola oasi lontana dal traffico della città: verde, solitaria, appartata. Certo è possibile che ci siano dei turisti, che spesso fanno la fila davanti a quel portone, citato sulle guide di mezzo mondo. Ma se dovrete aspettare il vostro turno, potete raccontare ai bambini qualcosa di quel luogo e della sua origine. Tutta l'area apparteneva a un antico monastero benedettino, che poi diventò proprietà dei Templari (i celebri monaci-guerrieri) e infine dei Cavalieri dell'Ordine di Malta. Nei vari passaggi, l'edificio ebbe molti restauri e cambiò tante volte aspetto, fino a quello attuale, progettato da Giovan Battista Piranesi nel 1765. Anche la prospettiva interna del giardino è frutto della fantasia di Piranesi, che inventò una galleria speciale, formata da un viale di piante tagliate apposta per permettere l'inquadratura della cupola di San Pietro. Quella che vedranno i vostri bambini stupiti, quando andranno in punta di piedi a sbirciare nel buco della serratura.

Da 5 anni in poi

42.

VISITA GIOCOSA ALLA GNAM CON CERTI MISTERIOSI RITAGLI CHIUSI IN UNA SCATOLETTA

GNAM sembra una parola tutta da mangiare, invece è l'acronimo di Galleria Nazionale d'Arte Moderna, in viale delle Belle Arti: un museo davvero speciale, dove l'arte si può veramente gustare e far assaggiare ai più piccoli. Ma come trasformare la visita in un'occasione di gioco? Basta organizzarsi un po' e programmare prima un sopralluogo senza bambini, per individuare un paio di sale dove scegliere sei opere al massimo con cui giocare insieme. Fatto questo, cercate quelle opere su internet (o sul catalogo del museo), fotocopiatele su un cartoncino A4 e ritagliate di ognuna due particolari. Avrete in tutto dodici frammenti delle opere scelte. Adesso mescolate fra loro tutti i ritagli in una scatola, che custodirete fino al giorno della visita con vostro figlio. Durante la vostra escursione solitaria alla GNAM, vi sarete accorti senz'altro che la Galleria ha cambiato aspetto. Un restauro spettacolare ha svuotato le sale, riempiendole di luce e diminuendo il numero delle opere esposte – dipinti, sculture, installazioni – non più in ordine cronologico, ma accostate per assonanze, contrasti, rimandi e so-

In visita alla GNAM

miglianze, attraverso un dialogo tra presente e passato. Troppo difficile? Forse lo sarà per noi adulti, ma non per i bambini, che sanno cogliere i messaggi dell'arte in modo istintivo.
Quando arriverete alla GNAM con vostro figlio, girate insieme per l'edificio: il Settore 04 è quello che merita un'esplorazione immediata, prima ancora di cominciare il gioco. È il momento dunque di verificare se la vostra scatola dei ritagli funziona: l'avete portata? Puntate decisi verso le sale che avete individuato nel sopralluogo, dove sono le opere scelte, come ad esempio: il Settore 03 (con *Il Giardiniere* di Van Gogh, le *Ninfee Rosa* di Monet, *Le tre età* di Klimt) o il Settore 01 (con *Alla Stanga* di Segantini, *Spoglia d'oro su spine d'acacia* di Penone, *Grande composizione A* di Mondrian). A questo punto aprite la scatola e disponete sul pavimento tutti i ritagli che contiene, ben separati fra loro. Vostro figlio vi guarderà stupito, senza capire che cosa state facendo: un effetto-sorpresa ottimo per cominciare il vostro gioco. Che consiste nel chiedergli di cercare le opere a cui appartengono quei particolari e di metterli, uno alla volta, sotto al quadro a cui si riferiscono. Tutto qui. Una caccia al tesoro semplice, ma efficace, perché stimola l'osservazione, la curiosità e avvicina vostro figlio a quelle opere d'arte, anche in senso letterale: le avrà scovate, osservate e da quel momento saranno in po' anche sue. Certo, il gioco non ne esaurisce la conoscenza, ma a questo potrete pensarci voi, completando la visita con un breve racconto. O magari viceversa: chiedendo a lui di portarvi per mano davanti all'opera che lo emoziona di più.
Per informazioni: lagallerianazionale.com

Da 4 anni in poi

43.

Fra mostri, fate e folletti nel quartiere Coppedè

Un piccolo quartiere incantato a due passi da piazza Ungheria, con case-castello dall'aspetto fiabesco, gialle, rosse o dipinte, una piccola piazza con la fontana, archi, torrette e decorazioni a non finire. E in tutti gli angoli (dai cornicioni o dai balconcini più alti, dai cancelli riccioluti o dietro una colonna), ecco affacciarsi una miriade di strane creature, come presenze irreali e silenziose: mascheroni paurosi e ragni pelosi, cavalieri e folletti, piccole fate e leoni alati, aquile e grifoni. E una fitta vegetazione, dipinta o scolpita, si intreccia fra le architetture o penetra nelle grate di ferro battuto: sono gigli, rose, campanelle e rami che si muovono come se fossero piante viventi.

La fontana centrale è un magico stagno a due vasche, in cui saltano le rane, fra le guance gonfie di altre facce misteriose che soffiano acqua. Siamo nel quartiere Coppedè, un luogo originalissimo e capriccioso, che prende il nome dal suo inventore, l'architetto-scultore Gino Coppedè, che lo progettò nei primi anni del Novecento e ne seguì la costruzione (fino al 1926), con la passione di chi racconta le sue fantasie. Tutto il mistero di quegli edifici, dagli elementi decorativi ai curiosi personaggi che li abitano, può essere il filo conduttore di una passeggiata con i bambini, da fare così, senza un percorso prestabilito, ma solo guardandosi intorno. È d'obbligo, però, alzare continuamente gli occhi per adocchiare qualcosa che altrimenti sfugge o per cercare, negli angoli più segreti, tutti i segreti nascosti. Ce ne sono talmente tanti che è impossibile descriverli a parole, ma i bambini sapranno certamente dove scovarli. E fra una scoperta e l'altra, potete proporre loro di adottare uno di quei personaggi immaginari (il più pauroso, il più curioso) o una di quelle case fiabesche (come la Palazzina delle Fate o quella dei Ragni) per costruirci sopra una storia: da inventare insieme ispirandovi alle suggestioni e ai brividi suscitati da questa passeggiata in uno dei luoghi più bizzarri della città.

Da 5 anni in poi

44.

IMPARARE L'INGLESE COME IN UN MAGICO SPETTACOLO

Imparare le lingue, si sa, oggi è fondamentale per i nostri bambini. Perciò se volete iscrivere vostro figlio a un corso di inglese, ecco un suggerimento da cogliere al volo. Intanto perché non riguarda uno dei soliti corsi, che aggiungono compiti e lezioni a quelle che già i bambini hanno a scuola. E poi perché propone qualcosa che somiglia a un'attività artistica, creativa e giocosa, in cui l'inglese non sembra il fine, ma lo strumento per realizzarla. Si tratta di corsi di lingua che fanno spettacolo, attraverso musica e canzoni mescolate a storie, con giochi di ruolo e d'immaginazione: in poche parole, corsi di teatro e di musica in lingua inglese. Quelli di teatro sono veri e propri laboratori, basati sulla drammatizzazione di una storia, che verrà poi recitata in uno spettacolo finale realizzato tutto dai bambini. Nei vari incontri, si assegnano le parti, s'imparano le battute, si mette in scena la vicenda, si fanno le prove: tutto in inglese. Lo spettacolo da realizzare si compone attraverso le voci dei piccoli protagonisti, anche con l'aiuto di mimi, musica e canzoni, che rendono più facile interiorizzare i ritmi della lingua straniera. E mentre si recita, si balla e si canta, la lingua s'impara in modo semplice e spontaneo, par-

tecipando tutti insieme a questo grande gioco che si chiama teatro: che è anche un modo ottimo di socializzare, lavorando con altri bambini per uno scopo comune. Ogni piccolo attore può interpretare un cavaliere, un mago, un folletto, una principessa o qualsiasi altro personaggio, esprimendosi in inglese, con musica e parole. Ma dove succede tutto questo? A Roma il laboratorio teatrale in inglese rivolto a bambini e ragazzi è proposto dal Teatro Brancaccio si svolge alla Sala Umberto, in via della Mercede, 50 (per informazioni: stap@teatrobrancaccio.it - tel. 06 87671757 – 340 6716474). Si tratta di un ottimo corso, tenuto da professionisti, ma molto coinvolgente e divertente, che punta alla libertà di espressione e di comunicazione per approfondire la conoscenza della lingua attraverso il "gioco del teatro". Il corso è suddiviso in tre fasi (L'approccio al Teatro; La creazione della storia; L'allestimento scenico) e prevede uno spettacolo finale in inglese, con tanto di suoni, luci, scenografie, costumi, musiche, danze e tutto ciò che serve a mettere in scena il testo costruito e interpretato dai giovanissimi attori. E voi genitori, naturalmente, sarete tutti invitati alla rappresentazione, per emozionarvi e applaudire a più non posso!
Alla fine di quest'esperienza, c'è una cosa di cui potrete essere certi, che riguarda proprio vostro figlio e le sue capacità espressive: dopo aver recitato in inglese, ecco che la lingua per lui nascerà spontanea, con la naturalezza di un gioco.

Da 8 anni in poi

45.

Un mercatino improvvisato al Borghetto di via Flaminia

Di mercatini artigianali o dell'usato a Roma ce ne sono tanti, ma quello organizzato tutte le domeniche del mese al Borghetto Flaminio (in piazza della Marina 32) è molto più di un mercatino. È un luogo buffo e un po' decadente, con spazi al chiuso e all'aperto, che sembra appartenere a un'altra città. Ma proprio in quel borghetto la tradizione del mercatino è radicata da anni: nata come scambio, si è trasformata in una vendita colorata e divertente e in un passatempo per intere famiglie, che ci passano qualche ora a curiosare fra gli stand o a comprare gli oggetti più disparati, per tutte le tasche e per tutte le età. In questa cornice allegra e movimentata, anche i bambini possono diventare piccoli mercanti, rigattieri o artigiani: basta affittare uno spazio-vendita (con prezzi accettabili) e improvvisare tutti insieme una bancarella curiosa e originale (per informazioni: 06 5817308). Un'esperienza diversa dal solito, che i vostri figli potranno organizzare da soli o con il vostro aiuto. Non è necessario avere un genere per la propria merce, qui si può esporre e vendere di tutto e un tavolo delle meraviglie (fritto misto di cose varie) sarà molto più divertente da allestire.

Potete cominciare consigliando ai bambini di fare una selezione di vecchi giornalini, fumetti, libri o «Topolino», che non leggono più; oppure di preparare una scatola di giocattoli inutilizzati, ma sani e funzionanti; o una raccolta di figurine collezionate tempo fa. I piccoli artigiani potranno anche realizzare con le loro mani oggetti da mettere in vendita: come una candela speciale, decorata con i fiori secchi, sassi fermacarte dipinti, biglietti di auguri fantasiosi, collane di pasta spruzzata d'oro o d'argento, portapenne fatti con lattine di Coca-Cola... e molto altro ancora: dipende dall'età e dalla creatività di ognuno. Ma l'impegno che metteranno in quella preparazione, la loro capacità nel disporre ogni cosa, l'atto di valutare la merce e dargli un prezzo, saranno momenti di puro divertimento, ma anche educativi, perché passano attraverso scelte autonome e finalizzate. Quando arriverà il primo cliente (se arriverà, altrimenti fate in modo che arrivi!) e la prima trattativa sarà conclusa, i bambini avranno la soddisfazione di aver raggiunto un piccolo successo commerciale in questa loro avventura da mercanti. Un gioco da grandi (come sono spesso i giochi più belli), che è anche un insegnamento importante, soprattutto in tempi difficili come questi. Se guadagnare qualche euro sarà costato impegno e organizzazione, forse apprezzeranno di più quello che fate per loro.

Da 6 anni in poi

46.

IN GIRO PER MONUMENTI, PER CREARE UN PUZZLE MOLTO PERSONALE

Percorso romano con idea creativa, per un piccolo lavoro da completare a casa.
Ecco come funziona.

Fase 1: in giro per la città, in una bella giornata di sole.
Scegliete un luogo romano dove ci sia un monumento facile da riprodurre o che vostro figlio già conosca (ad esempio una fontana). Andateci insieme con un blocco da disegno, gomma, matita e macchina fotografica. Osservate il monumento, i suoi particolari e scattategli una foto.
Chiedete a vostro figlio di farne anche un disegno abbozzato, senza colorarlo per il momento. Conservate il disegno per la fase successiva.
Fase 2: a casa, qualche giorno dopo, in un pomeriggio piovoso.
Procuratevi colla, forbici, cartoncino nero e colori a scelta.
Chiedete a vostro figlio di completare il disegno, colorandolo e aggiungendo i particolari che mancano (può sbirciare la foto, se non li ricorda bene).

Appena finito, spalmate di colla il retro del disegno e incollatelo sul cartoncino nero. Spianate bene le grinze e tagliate il cartone che sporge oltre il foglio. Sul retro, disegnate delle linee, dritte o curve, in diverse direzioni, in modo che si incrocino formando sagome irregolari.
Tagliate lungo quelle linee, facendo il disegno "a pezzi" (quanti? La decisione è libera).
Ecco un puzzle personalissimo, artistico e artigianale, con cui giocare insieme, da regalare a una persona speciale o da portare a scuola.
Ma quale monumento copiare? A Roma non c'è che l'imbarazzo della scelta, ma è meglio se sarà il tuo bambino a farla. Se volete orientarlo, potete proporgli qualcosa di facile: un mascherone (la Bocca della Verità), una fontana grande (la Barcaccia), una piccola (la fontana del Facchino) e così via. Ma anche un monumento classico e imponente (il Colosseo) o una casetta da sogno (la Casina delle Civette). Dipende solo da dove avrete voglia di andare a copiare Roma e come gli presenterete questo modo insolito e creativo di giocare con la città! E se i monumenti saranno due, mischiando i pezzi, il puzzle risulterà più difficile e il gioco più divertente...

Da 5 anni in poi

47.

Il Palazzo del Freddo, un gelato coi baffi e la cassata Giuseppina

Non c'è bisogno di un'occasione speciale per portare vostro figlio al Palazzo del Freddo, perché solo andarci è un'occasione speciale. Lo trovate dalle parti di piazza Vittorio, in via Principe Eugenio 67. È un palazzo grande, con tre porte: varcarne una vuol dire entrare nel mondo del gelato, quello storico e gustoso di Roma. Questa super gelateria ha un bancone lunghissimo, che espone metri e metri di delizie in un salone enorme, pieno di panchine, tavoli e angoletti dove tutti leccano avidamente coni o affondano cucchiaini dentro coppe, dolci e semifreddi. Il Palazzo del Freddo sembra lo scenario di una fiaba che nessuno ha scritto, ma che quattro generazioni di gelatai della famiglia Fassi hanno raccontato, con i loro prodotti ottimi e le loro trovate geniali. Se il vostro bambino è concentrato nella scelta dei gusti, forse la fiaba della famiglia di gelatai non sarà la cosa che più lo interessa. Ma dopo, mentre si diletta con il suo cono squisito, forse ascoltarla lo divertirà, perché è buffa ed è vera.

Tutto comincia quasi cento anni fa, con un bel

paio di baffi, grandi, vistosi e arricciolati all'insù. Sono i baffi di Giovanni Fassi, che faceva il gelataio pasticciere alla corte del re. Per motivi igienici, però, un brutto giorno i pasticceri, i gelatai e i cuochi del re furono obbligati a tagliarsi i baffi, pena il licenziamento. Ma Giovanni non ci pensò due volte: invece di rinunciare ai suoi meravigliosi baffi, preferì rinunciare a quel lavoro prestigioso. Così lasciò la corte e aprì una gelateria a piazza Navona. Da allora, i suoi successori, tutti maestri gelatai, hanno avuto varie sedi, finché nel 1927 sono arrivati qui, nello storico Palazzo del Freddo. I figli, i nipoti e i pronipoti di Giovanni hanno sempre cercato di mantenere viva la tradizione del loro antenato e sono stati i primi, in Italia, a usare il ghiaccio secco, importando dalla Germania una macchina per fabbricarlo: così hanno inventato il "Telegelato", cioè il gelato trasportabile, che rimane bello compatto per parecchie ore.
Le mogli dei gelatai Fassi, reginette della nostra fiaba, hanno prestato il loro nome a tanti gelati speciali, come il semifreddo Caterinetta e la cassata Giuseppina (vero trionfo di creme e canditi).
E ora che la fiaba è raccontata e il vostro primo gelato è finito da un pezzo, prima di fare il bis, potete andare a curiosare in giro: nel piccolo museo delle macchine d'epoca o nella vetrinetta con i gelati di gesso, così perfetti da sembrare veri. Tanto che a guardarli fanno venire l'acquolina in bocca.

Da 3 anni in poi

Il Palazzo del Freddo

48.

SUA MAESTÀ LA GRATTACHECCA, REGINETTA DELL'ESTATE ROMANA

Quando l'estate vi soffoca e la città diventa un forno, Roma ci offre una delizia tipica che rinfresca il palato, mette allegria e piace un sacco ai bambini: la grattachecca. Andare per chioschi di grattachecca in un pomeriggio estivo può essere una soluzione al caldo, ma anche una curiosa passeggiata alla scoperta di una delle golosità più tradizionali della nostra città. Questa reginetta dell'estate romana nasce negli anni Trenta, da un'idea semplice e geniale: trasformare un po' di ghiaccio tritato in una prelibatezza sana, squisita e artigianale. Zero grassi, zero additivi chimici, tanta bontà: niente di più facile, anche da fare in casa. Ma il bello della grattachecca è proprio il rito antico della ricerca del chiosco: piccolo, allegro, decorato con frutta, limoni e foglie fresche.

A Roma ce ne sono tanti, storici e rinomati, e ne spuntano ogni anno di nuovi: sul cartello che li segnala (spesso scritto a mano, in stampatello) c'è quel nome che attira e incuriosisce. *Checca* è il diminutivo romano di Francesca, *gratta* è il verbo che indica l'azione del raschiare con una paletta un blocco di ghiaccio, per ricavarne cristalli di neve sottili da insaporire con succhi, sciroppi e frutta.

Allora chissà, forse fu proprio una romana di nome Francesca (la sora Checca?) a inventare questo piccolo miracolo estivo e a mettersi in commercio, aprendo il primo chiosco in strada, per il refrigerio di grandi e bambini. E può darsi che la sora Maria, che dà il nome a un chioschetto storico in via Trionfale (angolo via Telesio), sia figlia o nipote di quella donna geniale! Provate a chiederglielo, mentre assaporate la sua fantastica grattachecca con il ghiaccio tritato a mano e i pezzetti di cedro di Amalfi. Anche la sora Mirella, però non scherza, con i suoi freschi bicchieri colmi di grattachecche semplici e genuine: la trovate a Lungotevere degli Anguillara, all'altezza di ponte Cestio. A Trastevere, ecco la Fonte d'oro, una piccola catena con due chioschi, uno a Lungotevere Sanzio, l'altro a piazza Gioacchino Belli. Entrambi sono sempre affollatissimi, perché offrono una vera specialità: la grattachecca con i pezzi di frutta fresca. L'importante è non confondersi e non scambiare la grattachecca per una granita: mai fare un simile paragone davanti a un romano! I due preparati sono molto diversi e il bello della grattachecca è proprio la discontinuità del sapore, tra la superficie dei cristalli di ghiaccio e il loro interno: un piacere assoluto, da condividere con i bambini. Per combattere insieme la calura estiva con quel bicchierino ghiacciato, un cucchiaino di plastica e l'immancabile cannuccia... indispensabile per succhiare tutto il sapore fino alla fine!

Da 3 anni in poi

49.

La Porta Magica di piazza Vittorio

Una piazza ottocentesca, la più grande di Roma, in un quartiere multietnico: piazza Vittorio oggi è una finestra aperta sul mondo, ma fino a pochi anni fa era il mercato alimentare più romano della città. Tolto il mercato, la piazza si è trasformata e i suoi giardini sono stati ripuliti, sistemati, aperti al pubblico. Si trovano nell'area centrale, enormi e un po' abbandonati, nonostante il restauro recente. Eppure in quello spazio verde c'è qualcosa di veramente insolito, che vale la pena scoprire con i bambini. Uno strano portale dal nome mitico, la Porta Magica, se ne sta lì come una vecchia scenografia teatrale circondata dal viavai cittadino. Ma se a vostro figlio piacciono i misteri antichi, gli esperimenti in bilico fra chimica e magia, qui avrà pane per i suoi denti: raccontategli la sua storia, mentre varcate insieme quel portale un po' inquietante, sorvegliato a vista da due strane creature. Tutto cominciò sul colle Esquilino, nel Seicento, quando il marchese Palombara, che andava pazzo per magie e alchimie, ospitò nella sua villa uno sconosciuto, che gli aveva promesso la formula per trasformare il ferro in oro. Ma il mattino dopo l'ospite miste-

rioso era scomparso, lasciando solo qualche traccia del suo lavoro notturno: un pizzico di polvere d'oro e un complicato intreccio di parole e segni indecifrabili. Il marchese si scervellò, ma senza riuscire a interpretarli; poi cercò il suo ospite per mari e per monti, ma invano. Affidò allora quelle formule ad alcuni alchimisti esperti, ma nemmeno loro seppero risolvere l'enigma. Così rinunciò all'impresa e decise di lasciare ai posteri la soluzione del problema, incidendo la formula su una delle porte d'ingresso del giardino della sua villa. Quella villa oggi non esiste più e la porta che vedete, unica sopravvissuta, fu spostata qui, al centro di piazza Vittorio. Guardandola, vi accorgerete che sugli stipiti sono incisi segni, simboli e parole oscure, che forse, uniti insieme, danno origine proprio a quel codice segreto. Sarà vero?
I guardiani della porta non si pronunciano. Restano immobili e muti, anche perché loro di questa leggenda non ne sanno niente: rappresentano il dio Bes, divinità egizia, e non provengono dalla villa del marchese, ma da un antico tempio di Iside sul Quirinale. Ora che la storia è raccontata e la Porta Magica sta davanti ai vostri occhi, vostro figlio può tentare un piccolo esperimento: ricopiarsi tutto e provare a risolvere quell'antico mistero. E chissà che non riesca a trasformare in oro le chiavi di casa o il ferro da stiro!

Da 6 anni in poi

50.

Inseguire gli aquiloni a Villa Pamphili

Le corse sfrenate dei bambini, una distesa di prati, i sentieri attrezzati per fare jogging, i boschi di lecci e sugheri, le pinete, le fontane, i laghi naturali, le colline ondulate e selvagge. E poi gli aquiloni, che volano colorati sul cielo di Roma, s'inseguono, spariscono o s'impigliano nell'albero più alto per un colpo di vento improvviso. Ecco, come in una sequenza di foto, alcune immagini di Villa Pamphili, il parco più grande della città: una boccata d'aria fresca per voi, una piccola avventura per tutti i bambini, il paradiso per chi vuole fare sport all'aperto. Ma soprattutto l'unico posto a Roma dove volano gli aquiloni. Se entrate dalla porta di via Vitellia, potete stupire vostro figlio con uno spettacolo insolito: le gare e le manifestazioni che gli aquilonisti del gruppo storico romano organizzano proprio qui, dandosi appuntamento nel piazzale accanto all'ingresso. Il gioco del volo, però, è aperto a tutti, anche ai dilettanti: potete portare il vostro aquilone e lanciarvi in un'esibizione colorata, sfidando il vento e la gravità, i fili che tirano e le difficoltà che non mancano. Per vivere insieme a vostro figlio questa piccola emozione, c'è una collinetta vicino all'in-

gresso di via Leone XIII, riservata a chi prova per la prima volta. E se la cosa non va, resta sempre il parco da vivere e da esplorare: uno scenario naturale e sorprendente, tra pini a ombrello, scorci pittoreschi e giardini, con fontane, edifici e ville storiche, tra cui si nasconde perfino un "giardino segreto". Il lato ovest del parco è quello più campestre, attraversato da viali pieni di alberi di ciliegio: se ci andate in primavera, sono un vero spettacolo, perché colorano tutto di rosa. Disseminati qua e là, ecco tanti tronchi distesi al suolo come giganti addormentati: i bambini ci camminano sopra, cercando di tenersi in equilibrio con le braccia aperte e i piedini che avanzano cauti, uno avanti all'altro.
Anticamente, Villa Pamphili era chiamata Villa del Bel Respiro, per la sua posizione elevata e l'aria pulita rispetto a quella poco salubre della città. Apparteneva alla nobile famiglia Pamphili, che costruì la parte antica e la ampliò poi con l'acquisto dei terreni vicini, rendendola sempre più bella grazie all'intervento di artisti, architetti e giardinieri. Fino a trasformare questo parco in un luogo leggendario. Oggi ognuno può trovare qui il suo spazio: dalla squadra di cricket che si allena sempre nella stessa piazzetta ai bambini che hanno un'area attrezzata con i giochi.
Se decidete di passarci un po' di tempo con vostro figlio, scegliete la bella stagione, perché Villa Pamphili è un parco vero, aperto e vastissimo, tutto da vivere a contatto con la natura. Basta decidere se andarci in tuta, con un cesto da picnic, un pallone o un aquilone colorato. Il resto verrà da sé.

Da 3 anni in poi

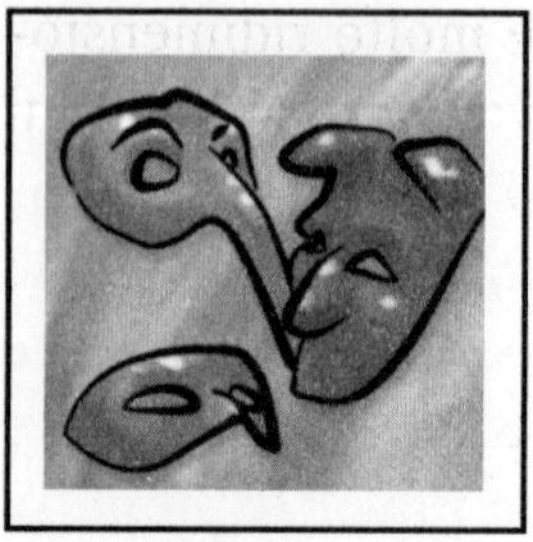

51.

UNA SFILATA DI MASCHERE TUTTE DA INVENTARE

Il Carnevale, si sa, è la festa del divertimento e della libertà, in cui tutto è concesso: travestirsi, fare scherzi, partecipare a feste, mangiare senza ritegno frappe e castagnole e molto altro ancora. Ma sulle origini del Carnevale non tutti sono d'accordo. C'è chi lo fa risalire a una tradizione legata al mondo cattolico, come periodo di follie che precede la penitenza e il digiuno della Quaresima. E chi lo colloca, invece, in epoca romana antica, quando durante le feste Saturnali il popolo si scatenava, con giochi e spettacoli in cui tutto era permesso. In quei giorni di eccitazione generale, i ruoli s'invertivano: così i padroni diventavano schiavi e viceversa.

Il Carnevale della nostra tradizione romana più recente, risale al Medioevo, quando iniziarono le feste carnascialesche, con sfilate di maschere, commedie improvvisate, burle di ogni tipo, carri allegorici e tornei. Tutto si svolgeva nel centro storico di Roma, tra via del Corso, piazza Navona e piazza del Popolo, e terminava con fuochi e festeggiamenti che duravano una notte intera. L'allegria si tagliava a fette, spesso senza misura e senza freni.

Il Carnevale romano, oggi, si è molto ridimensionato: è dedicato quasi esclusivamente ai bambini e ai giovanissimi e il rito della maschera, dei coriandoli e degli scherzi è tutto ciò che rimane delle esplosive feste carnascialesche del passato. Ma è pur sempre un rito divertente, che può coinvolgere anche i genitori: così se quest'anno volete proporre ai vostri figli scherzi e travestimenti veramente speciali, ma anche accessori stravaganti, parrucche e posticci, trucchi di ogni genere e perfino coloratissime scenografie (da utilizzare se decidete di fare festa in casa), ecco un paio di indirizzi preziosi. Si tratta di negozi specializzatissimi, che vendono cose davvero sorprendenti, per grandi e piccoli che hanno voglia di stupirsi e di stupire. Solo entrarci è un piacere per gli occhi e per la fantasia, perché gli articoli esposti sono così tanti e originali che diventa facile anche *inventare* maschere e costumi, componendoli a piacere, oltre ad acquistare (a prezzi veramente competitivi) quelli già belli e pronti. Il primo negozio è Pelatelli, in via Aristide Leonori 28 (zona Eur): un vero ipermercato del Carnevale, aperto tutto l'anno, con infiniti suggerimenti anche per Halloween o per qualsiasi altra occasione (una recita?) che richieda un travestimento. I suoi 1600 metri quadri di spazio sono tutti dedicati a esporre più di mille articoli pensati proprio per questo: dai costumi agli oggetti più curiosi, dagli scherzi agli accessori, dal make-up ai posticci, dai copricapi alle maschere facciali. E la festa comincia là dentro perché solo frugare, cercare e provare vi farà sentire lanciati nell'allegria di un permanente martedì grasso. Il secondo negozio si chiama Il Carnevale a Roma e si trova in via Eugenio Barsanti 5 (zona Marconi). Fornisce ai privati e ai teatri maschere di ogni tipo, classiche e non, con tanti ornamenti complementari e optional che stuzzicano il gusto del travestimento più bizzarro: come ali, piume, arti e barbe, denti finti e orecchie smisurate, adesivi facciali, oggetti di cartapesta, nasi e nasoni, ma anche costumi veneziani o a tema. E ha perfino un piccolo reparto dedicato alle maschere di carnevale per cani e gatti, se qualcuno avesse voglia, per caso, di conciare in modo stravagante il suo amico a quattro zampe. Cosa che certamente lui non gradirebbe affatto!

Da 3 anni in poi

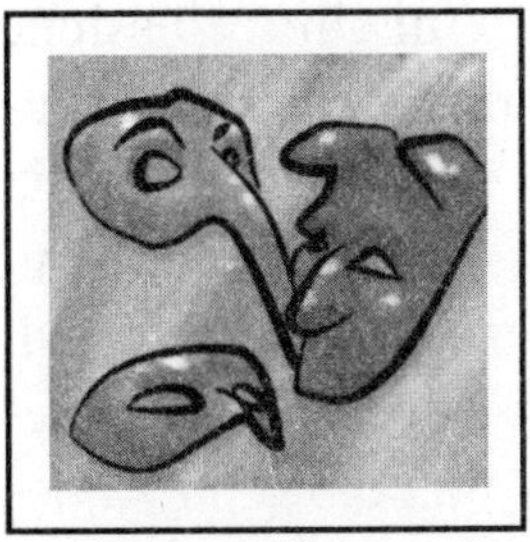

52.

IL MASCHERONE CHE SMASCHERA I BUGIARDI

Un orrendo mascherone che smaschera i bugiardi: è la famosa Bocca della Verità, nel portico di una delle più belle chiese di Roma, Santa Maria in Cosmedin. Potete scegliere un giorno qualsiasi per andarci con vostro figlio, domenica compresa: basta portare una macchina fotografica e preparare un po' questa visita insolita, piena di suspense, che lo terrà per qualche minuto col fiato sospeso.

La Bocca della Verità altro non è che un mascherone di epoca romana, che forse serviva a chiudere un tombino o una cloaca. Raffigura una grande faccia inquietante, con tanto di barba, occhi fissi e bocca semiaperta. È ancora misteriosa l'identità del personaggio che si nasconde dietro quella faccia, fatto sta che la sua bocca ha fatto il giro del mondo attraverso i secoli e ancora oggi è una delle curiosità più gettonate dai turisti che vengono a Roma. Tutto nasce da un'antica leggenda, che le attribuisce poteri straordinari, come quello, principale, di macchina della verità. Basta metterci una mano dentro e tenerla lì per qualche secondo: se il proprietario della mano è sincero, leale e ha la coscienza a posto potrà tirarla fuori intatta, senza

neanche un graffio. Ma se per caso è bugiardo o imbroglione, ecco che la grande bocca se ne accorge all'istante e *zac!* con un morso gliela taglia di netto. Come sia nata a Roma questa stravagante diceria, che trasforma un faccione di marmo in una potenziale ghigliottina per mani, è uno dei tanti misteri della nostra città. Forse la leggenda del mascherone nacque nel Medioevo, con lo scopo di verificare l'innocenza o la colpevolezza di un imputato, intimorendolo con la prova della verità. Ma quelli erano altri tempi e oggi il faccione è diventato protagonista di un rito collettivo, che diverte e incuriosisce grandi e piccoli. Dopo che avrete raccontato tutto questo a vostro figlio, chissà se vorrà mettere la sua manina nell'apertura minacciosa della Bocca? Se la risposta è sì, mettetevi in fila e godetevi lo spettacolo che vi circonda: comitive vocianti, coppiette elettrizzate, turisti giapponesi che scattano una foto dietro l'altra. Ogni tanto sentirete un urletto liberatorio, spesso seguito da un applauso. Qualcuno ha superato la prova, tira un sospiro di sollievo e la sua mano esce intatta dalle fauci del mascherone.
Ecco, qualcosa di simile capiterà anche a voi. E visto che la manina di vostro figlio è salva, lui ricorderà con piacere questa giornata strana, sentendosi molto coraggioso per aver affrontato, senza esitare, la prova della verità. Cosa che, al giorno d'oggi, non tutti fanno!

Da 5 anni in poi

☐ La Bocca della Verità

53.

IN POSA CON LA MANO, IL PIEDE E LA TESTA PIÙ GRANDI DELLA CITTÀ

Una testona di due metri e mezzo, un piedone, una gamba e una mano che sembrano quelli di un gigante... tutto racchiuso nel cortile del Palazzo dei Conservatori, sede dei Musei Capitolini. Basta salire sul Campidoglio per un servizio fotografico esclusivo (e divertente), con vostro figlio ritratto vicino ai resti della statua più grande della città. Gli sembrerà di entrare nel mondo di Lilliput o in quello di *Alice nel Paese delle Meraviglie*, dove tutte le proporzioni sono alterate. E lui apparirà piccolissimo, accanto a quella testa enorme o seduto sul piedistallo di quella grande mano destra, con l'indice puntato verso il cielo. E poi con queste foto insolite potete farci un calendario, un poster o una maglietta, da regalare o conservare. Ma il vostro percorso fotografico può essere anche l'occasione per una visita dentro i musei, partendo proprio dal Palazzo dei Conservatori, dove sono esposte tante meraviglie dell'arte romana antica, come la *Lupa Capitolina* nella sua sala e la statua di Marco Aurelio nella grande Esedra. Anzi, proprio lì c'è un'altra testa enorme dell'imperatore Costantino, tutta di bronzo: e allora perché non fare una foto anche con quella?

Dal Palazzo dei Conservatori la vostra passeggiata nei musei può diventare un'esplorazione sotterranea, attraverso il magico *Tabularium* (l'antico archivio romano), che passa sotto la piazza del Campidoglio e collega il Palazzo dei Conservatori al Palazzo Nuovo. E nel Palazzo Nuovo, ecco altre statue molto famose, come *Amore e Psiche* che rappresenta i due innamorati mentre si baciano, i *Centauri* metà uomo e metà cavallo e la bella *Venere Capitolina.*
Se invece il vostro bambino ha voglia di saperne di più su quella statua gigantesca, a pezzi, con cui è stato appena fotografato, vuol dire che la cosa gli è piaciuta davvero. Allora potete raccontargli che la statua intera aveva un'altezza di circa dodici metri e rappresentava l'imperatore Costantino seduto, coperto da un drappo e con uno scettro in mano. Se osserverà il suo viso, scoprirà che gli occhi hanno lo sguardo fisso e sono veramente smisurati, con la pupilla marcata, volta verso l'alto, come se cercasse ispirazione dal cielo. Quegli occhi danno al personaggio un'espressione solenne, più divina che terrena. Il naso è aquilino, le labbra lunghe e sottili, il mento prominente. Dal viso... alla testa (un tempo incoronata) dove i capelli sono un'unica massa gonfia, che si separa in ciocche ordinate. L'immagine di Costantino celebra in lui il primo imperatore cristiano, quello che ha riformato l'impero, ha messo fine alle persecuzioni contro i cristiani e ha dato inizio all'alleanza fra Stato e Chiesa. Forse per tutti questi motivi l'autore della sua statua ha voluto dargli l'aspetto di un santo e rappresentarlo grande, come una leggenda vivente. Non è da tutti essere fotografati con un tipo così!

Da 6 anni in poi

54.

LANCIATI NEI LABORATORI PIÙ INSOLITI ALLA CASINA DI RAFFAELLO

Nel verde di Villa Borghese, ecco una ludoteca veramente speciale: la Casina di Raffaello. È uno spazio chiuso e bellissimo tutto dedicato al gioco, circondato da un prato dove stare nella bella stagione e inserito nell'area più divertente di questo grande parco romano. A due passi c'è il trenino che parte per i tour esplorativi della villa, il Cinema dei Piccoli, con spettacoli adatti ai bambini, i pony, le giostre, il noleggio delle bici. Per questa sua cornice e per quello che offre, la Casina è il posto giusto per passare con vostro figlio una giornata diversa e permettergli di scoprire quel mondo di giochi intelligenti e creativi che la ludoteca propone ogni giorno, dal martedì alla domenica compresa. Gli spazi sono ampi e accoglienti, il programma è ricchissimo e vario per tutti i bambini da 3 a 10 anni. Vostro figlio ha l'età giusta? E allora via! Può partecipare ai laboratori dedicati ai colori, alla manualità e alla fantasia, per fare, sperimentare, costruire e dipingere con materiali di ogni genere e per esprimersi attraverso tante attività-gioco, guidate da operatori specializzati. E dentro la Casina c'è anche uno spazio li-

bero e gratuito dedicato alla lettura, dove potrà gustare storie e sfogliare libri, seduto sui morbidi tappetoni che arredano questa piccola biblioteca speciale. Qui autori, disegnatori e animatori spesso raccontano e interpretano fiabe, propongono letture espressive e organizzano eventi, come i picnic letterari, dedicati alla tribù dei piccoli lettori: un modo piacevolissimo e molto efficace per avvicinare i bambini al mondo dei libri.
Quando arriva la bella stagione, una parte della ludoteca si trasferisce all'aperto, con le costruzioni in legno di Richter Spirlgerate, che vostro figlio potrà sperimentare da solo o in vostra compagnia, per esplorare insieme un percorso interattivo nel verde, semplice e coinvolgente. E non mancano altre proposte stuzzicanti, come piccoli eventi di solidarietà, stage di pittura e molto altro ancora.
Prima di lasciare la Casina, potrete curiosare insieme nella libreria interna, che vende volumi, oggetti e tante novità: tutto rigorosamente pensato per i bambini.

Da 3 anni in poi

55.

MANGIARE CALDARROSTE SEDUTI SUL BORDO DI UNA BARCACCIA

Quando d'inverno le giornate sono fredde, ma l'aria è frizzante e magari c'è anche un pallido sole, una bella passeggiata con vostro figlio a piazza di Spagna può essere una buona occasione per rilassarvi insieme. Un po' di vetrine o un caffè per voi e un cartoccio di caldarroste per lui. Lì in piazza c'è sempre l'omino che le vende, anche se oggi sono meno saporite di una volta e costano una fortuna... ma è così bello tenere in mano quel pacchetto caldo e profumato, che vale la pena comprarlo lo stesso. E con il vostro tesoro di cartapaglia, potete sedervi sui primi gradini della mitica scalinata, o sul bordo della Barcaccia (attenti agli schizzi!), che sta proprio ai suoi piedi. E così scoprirla insieme, questa fontana speciale, bassa, piatta, quasi affondata al suolo.
Tra una caldarrosta e l'altra, potete raccontare a vostro figlio la sua storia e fargli osservare particolari che magari così, al primo colpo d'occhio, nessuno vedrebbe mai. Perché si chiama Barcaccia? Forse è questa la prima domanda che lui vi farà. La fontana imita proprio una barca un po' malandata (ecco il dispregiativo *-accia*!), che sta affondando e perde acqua da poppa e da prua. Il suo autore è

Pietro Bernini, papà del famoso Gian Lorenzo, e pare che i due artisti l'abbiano realizzata insieme (nel 1627), ispirandosi a una scena vera: le barche del Tevere dopo una tremenda piena del fiume. La fontana ha una doppia vasca: una è la barca piena d'acqua, l'altra è il fiume. E tutte e due sono basse, a livello del suolo. Ma l'acqua zampilla ovunque: spunta alta al centro, si apre a ventaglio dalle Bocche del Sole e scende a getto dai tondi che la riversano nella vasca-fiume, fino a scivolare via. Se provate a chiudere gli occhi per un attimo e a immaginare la scena vera (quella del barcone che affonda in una lontana notte del Seicento, fra lampi e tuoni, sul Tevere che inonda la città) la vostra fontana sarà molto più suggestiva.
Intanto le caldarroste sono finite e senza quel cartoccio caldo in mano avrete un certo freddino. Allora perché non provate a scaldarvi davvero salendo su, per le dodici rampe della grande scalinata? Magari facendolo di corsa, per vedere chi arriva prima fino a Trinità dei Monti. Proponete a vostro figlio di contare i gradini, e forse apprezzerà questa piccola gara, in uno degli scenari più belli della città. Piazza di Spagna è famosa in tutto il mondo, proprio per la sua scalinata, piena di gente e di colori, sempre diversa nelle varie stagioni. E dopo aver mangiato caldarroste davanti alla Barcaccia, immaginato un antico naufragio e scalato dodici rampe (per un totale di centotrentacinque gradini) potete godervi il meritato premio: lo spettacolo mozzafiato che vi offre Roma dalla terrazza di Trinità dei Monti.

Da 5 anni in poi

56.

A TAVOLA CON GLI ANIMALI DEL BIOPARCO

Forse siete già stati con vostro figlio al Bioparco, uno spazio affascinante, dentro Villa Borghese, che conserva quell'aria un po' anticotta e monumentale del passato, pur essendo completamente rinnovato nei criteri e nei contenuti. In questo giardino pieno di verde e di piante rare, l'incontro con gli animali delle specie più disparate è sempre una festa, un divertimento o l'occasione per scoprire particolari interessanti o curiosi sulle loro abitudini e sul loro habitat. Ma forse non avete ancora sperimentato alcune possibilità che il Bioparco offre a bambini e genitori, per vivere piccole esperienze uniche e un po' bizzarre. Come quella di assistere in diretta al pasto degli animali.

Ogni sabato, domenica e festività dell'anno, fra le 11:00 e le 16:00, potete partecipare con vostro figlio a un banchetto veramente insolito, completo di menu vari e diversi. Per fare questo ci sono orari da rispettare, secondo una tabella che si può richiedere in biglietteria o al centro didattico: basta organizzarsi un po' e il gioco è fatto. È uno spettacolo interessantissimo, da non perdere, che vi permetterà di osservare da vicino alcuni animali

che si mettono a tavola e di conoscere i loro comportamenti alimentari. Capirete così quali sono quelli più golosi, più voraci, più schizzinosi. Scoprirete curiose analogie di gusto fra specie diverse e tutte le abitudini della pausa pranzo.
Ecco alcuni esempi, tanto per avere un'idea di come sono gusti e preferenze. Le due elefantesse asiatiche, Nelly e Sophia, e l'ippopotamo anfibio Mimì mangiano frutta di stagione, erba freschissima e tanto fieno, alternando il pasto con qualche doccia rinfrescante nella stagione calda. Per i lemuri-catta del Madagascar e per gli scimpanzé il pasto consiste in verdura e frutta mista di stagione, carote, patate lesse e canne di bambù piene di yogurt o frutta congelata. E gli orsi vanno matti per il pesce e la frutta, soprattutto meloni e cocomeri, congelati in grandi secchi e lanciati nella loro piscina dove nuotano a lungo. Anche i macachi del Giappone amano tuffarsi nella piscina quando fa caldo e il loro pasto preferito sono piccoli ghiaccioli di yogurt e frutta fresca, come susine, banane, kiwi.
Per godervi tutto lo spettacolo del pranzo degli animali meglio arrivare al Bioparco in tempo, verso le 10:00 di mattina, e consultare quella famosa tabella degli orari. Ma se per caso non doveste trovarla, ecco di seguito qualche orario indicativo. I primi a mettersi a tavola sono i macachi, alle 11:00. Seguono alle 11:30 i lemuri-catta, alle 12:00 gli elefanti e alle 12:30 gli orsi (ma solo in primavera e in estate). Poi c'è un'interruzione di circa due ore e avrete perciò tutto il tempo di visitare il Bioparco o di mangiare qualcosa: anche vostro figlio ha diritto al suo pasto sostanzioso! Si ricomincia alle 14:00, con il banchetto degli scimpanzé. Alle 15:00 vengono serviti gli ippopotami

anfibi e alle 16:00 le foche grigie, che concludono la serie dei banchetti, ingurgitando tra i cinque e i sette chili di pesce al giorno! Prima di lasciare il Bioparco, soprattutto se il vostro bambino è molto piccolo, vi suggerisco un'ultima tappa nella Fattoria degli Animali, dove assistere al pasto di mucche, pecore, galline, caprette e asinelle sarde. In quest'area vastissima, vostro figlio potrà perfino immedesimarsi in un coniglio, giocando nel percorso delle tane che sono state riprodotte proprio per i più piccoli. E magari, chissà, verrà voglia anche a lui di sgranocchiare una bella carota!
Per informazioni: 06 3608211 – info@bioparco.it

Da 3 anni in poi

57.

CENTOSTORIE A CENTOCELLE E LE SUE SORELLE

Leggere apre la mente e rende liberi, accende la fantasia e la voglia di conoscenza, stimola la curiosità e la capacità di scelta, aiuta a parlare e a capire bene le cose della vita, a cogliere la ricchezza nella diversità; e molto altro ancora. Quale genitore non vorrebbe offrire tutte queste opportunità ai propri figli? E allora c'è da chiedersi come mai in una città come Roma, dove la cultura si respira nell'aria, le più famose librerie del centro storico dedicate esclusivamente ai bambini – spazi così importanti per i giovani lettori e per le loro famiglie – siano via via scomparse nel nulla e sostituite per lo più da pizzerie o da negozi di gadget. Una domanda a cui nessuno sa rispondere, se non tirando in ballo il solito discorso sull'incultura e sulla scarsa attenzione di certe scelte commerciali. Certo, in quasi tutte le librerie c'è una sezione dedicata ai più piccoli. Ma se cercate un luogo nato e pensato per loro, fatto di pagine illustrate, di fiabe antiche e moderne, ma anche di racconti, laboratori e appuntamenti con il gioco e la cultura, dovete darvi un po' da fare, chiedere, informarvi. Perché la città non è abbastanza sensibile verso un'attività che invece dovrebbe essere lanciatissima, visto che contribuisce a formare la mente dei nostri figli!

Ma un genitore attento non si scoraggia, perché qualche altra libreria specializzata a Roma c'è, in vari quartieri e perfino nelle zone più lontane dal centro. Eccone due o tre, proprio carine, che uniscono all'alta qualità dell'offerta anche la piacevolezza dello spazio, pensato e organizzato per accogliere i più piccoli, prima ancora di suggerire loro occasioni e spunti di lettura.

Nel quartiere di Centocelle da diversi anni è nata Centostorie, in via delle Rose 24: un'isola felice di periferia, nella quale figli e genitori possono condividere esperienze legate ai libri e a molte altre attività, che ogni giorno si svolgono in questo luogo attraente, informale e molto ospitale. Tanti titoli selezionati, divisi per fasce di età, all'interno delle quali si trovano piccole sezioni dedicate (dalle fiabe alle filastrocche, dai miti alla multiculturalità e molto altro ancora). E mentre i bambini frugano, sfogliano, leggono, i genitori fanno due chiacchiere tra loro, nella zona caffetteria. Centostorie è la scommessa di quattro donne, vivaci e sensibili, che hanno pensato di portare stimoli culturali proprio ai bambini di una periferia emergente, ma ancora priva di proposte adeguate e costruttive. Come i laboratori di manualità, arte, teatro e cucina, le letture a più voci e perfino le feste di compleanno: un modo insolito di spegnere le candeline, fra storie e avventure.

Ancora donne, questa volta due, sono le mamme socie fondatrici di Ponte Ponente, in via Mondovì 19, nel quartiere San Giovanni. Anche per una zona così centrale e ben servita c'era bisogno di una libreria dedicata a bambini e ragazzi, specia-

LEGGERE FIABE A CENTOCELLE

lizzata in editoria di qualità, originale e ricercata. I primi clienti sono stati i figli delle proprietarie, che si sono impossessati di quello spazio, come per saggiarlo, sperimentarlo, tutti sdraiati sul tappetone rosso della lettura. Fra i libri e con i libri sono nate anche le altre proposte di Ponte Ponente: laboratori didattici, incontri, maratone di lettura e buoni spesa da regalare nelle occasioni di festa. Ed eccoci alla terza piccola libreria per piccoli. Si chiama Il Brucalibro e la trovi a via Nemorense 39/B, nel quartiere Trieste: simile alle altre, per calore umano, accoglienza, titoli e iniziative, ha moltissimi libri che parlano inglese ed è quindi un buon punto di riferimento per chi desidera abituare da subito i bambini a leggere in lingua originale... Perché a volte le storie più belle non hanno quasi bisogno di traduzione e arrivano all'immaginario dei nostri figli, senza passare per il vocabolario. Per informazioni: www.centostorie.it - www.libreriaponteponente.it - www.ilbrucalibro.it

Dai 3 anni in poi

58.

Il gioco delle belle statuine alla Centrale Montemartini

Sembra un museo come tanti altri, ma non è così: è un luogo pieno di personalità, bizzarro, inaspettato, dove andare con i bambini per sorprenderli e per visitare con loro l'unico museo romano di aspetto europeo. La Centrale Montemartini, in via Ostiense 106, già dal nome incuriosisce un po'. Si tratta infatti della prima centrale termoelettrica della città, trasformata in esposizione permanente di statue e antichità romane. Qui tutto è spettacolare proprio per questa mescolanza insolita, che vi permetterà di incontrare nelle sale personaggi e divinità della mitologia greco-romana, fra strani marchingegni, antichi motori diesel e una caldaia per produrre vapore.
In questo ambiente spazioso e pieno di contrasti, potete scegliere con i bambini se fare un giro tradizionale o uno dei tanti percorsi tematici che il museo propone: come quello degli animali, dei guerrieri, delle donne celebri, della poesia o del teatro. Ma potete anche solo ammirare con loro le vecchie macchine della centrale, tutte perfettamente conservate, che dai primi anni del Novecento lavoravano senza sosta per rifornire Roma di elettricità: compressori, batterie, caldaie e mo-

tori, un “cavallino” a vapore, e perfino un quadro di manovra che verrebbe voglia di toccare. Fra questi giganti neri e metallici, ecco apparire come per incanto le statue: bianche, con le vesti drappeggiate, le acconciature insolite e il loro bagaglio di storia e mito. Se i bambini stanno al gioco, proponetegli di imitarne le pose, scegliendo quelle che vi sembrano più adatte o che li incuriosiscono di più. Mimare le statue è più divertente che osservarle, ma serve proprio a questo... Ed ecco che la centrale si animerà di un nuovo contributo, quello delle “belle statuine” in carne e ossa. Ma nel vostro percorso c’è qualcosa che merita proprio l’attenzione e che non si può mimare: un acquario speciale, con pesci e totani immersi nel *Mosaico con scena marina*, che si trova nella Sala delle Colonne. Finita la visita, potete far notare ai bambini che questo museo così insolito è uno straordinario esempio di doppia archeologia: quella industriale, che recupera i locali della centrale elettrica, trasformandoli; e quella vera e propria, che studia le civiltà e le culture del passato. Questa curiosa unione permette che le macchine e gli dèi vivano insieme, per stupirci con la loro diversità.

Da 5 anni in poi

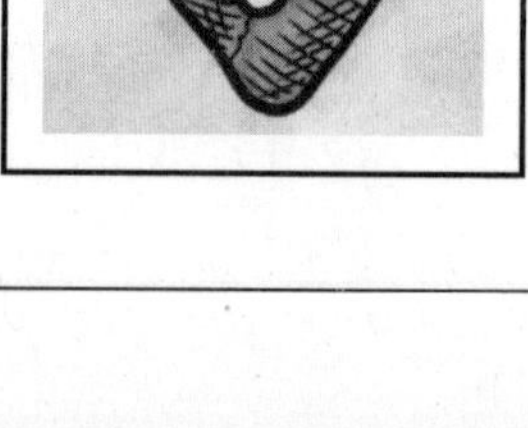

LA CENTRALE MONTEMARTINI

59.

Un pomeriggio da favola, nel teatro più verde che c'è

Da oltre trent'anni è un punto di riferimento per tutti i bambini e ragazzi dai 3 ai 14 anni, per i loro genitori e per le scuole. È il Teatro Verde, nella sua sede allegra e colorata a circonvallazione Gianicolense 10. Da quando è nato stupisce i giovanissimi, con spettacoli interamente dedicati a loro, che hanno due ingredienti fondamentali: divertimento e coinvolgimento.
Passarci un pomeriggio con vostro figlio (magari portando con voi anche i suoi amici) è veramente un'idea di cui non vi pentirete, perché gli spettacoli in cartellone hanno sempre qualcosa di particolare e piaceranno molto anche a voi.
La compagnia che li anima si è formata grazie a Maria Signorelli, burattinaia storica di fama internazionale: una specie di fata buona del teatro che con la sua bacchetta magica e i suoi collaboratori mette in scena ogni anno una serie di proposte teatrali spassose e intelligenti, studiate per questo pubblico speciale, che spesso è molto esigente.
Spettacoli misti, fra attori, burattini, pupazzi, clownerie, giocolerie, ombre e proiezioni pren-

dono vita sulle tavole del palcoscenico: raccontano storie buffe, favole antiche e moderne, stravolgono il finale, mettono in gioco l'ironia, usano la musica, i colori e la fantasia. E a volte affrontano perfino temi sociali, in una chiave così immediata e ricca di trovate che anche i più piccoli entrano dentro quei temi e quelle storie, le condividono e se ne sentono un po' protagonisti. Ecco, la magia di questo teatro è proprio quella di far sentire sempre protagonista il giovane spettatore, di metterlo in contatto diretto col palcoscenico e con l'arte di fare spettacolo. Sono nate così tutte le altre attività che il Teatro Verde propone ogni anno: stage e laboratori per bambini, adolescenti, adulti e disabili.

Per chi sente un vero trasporto per la recitazione e vuole provare un'esperienza lunga e completa, ecco il corso di Teatro Espressivo, dove gli attori si mettono alla prova e insegnano ai giovanissimi per imparare loro stessi, tirando fuori da ogni bambino idee, spunti e capacità.

Questa particolare scuola di teatro prevede una ventina di incontri (che si concludono con un saggio) ed è divisa per fasce di età: Polvere di Stelline, per i più piccoli, Polvere di Stelle per bambini dai 7 ai 10 anni e Polverone di Stelle per gli adolescenti.

Ogni anno, in estate, il Centro Estivo fa proposte diverse, per intrattenere bambini e ragazzi con attività curiose e divertenti, legate al teatro ma anche al gioco, alla fantasia, alla manualità. Da qualche tempo il Teatro Verde ha anche una biblioteca, la Verba Voglio. Fateci un salto con vostro figlio, potrà consultare libri, prenderli in prestito o entrare nella catena del Passalibro.

Un'altra idea per legare insieme tutti i giovanissimi appassionati di teatro e non solo, che in questo spazio trovano spettacoli, creatività, cibo per la mente e divertimento assicurato.

Da 3 anni in poi

60.

NEL WEB, IN CERCA DI SITI (SICURI) PER BAMBINI E GENITORI

Quando fuori piove o una brutta influenza vi costringe a letto, potete scoprire Roma con i bambini anche senza muovervi da casa. Gironzolare tra le pagine web, oggi, è diventata un'abitudine per tutti, grandi e piccoli: l'importante è scegliere siti sicuri, curati, chiari e di facile consultazione. Le proposte che possono venirne fuori sono così tante e preziose, che vale la pena avere sotto mano una piccola mappa dei siti mirati a genitori e figli. E quel vostro girovagare in rete può essere anche l'occasione per registrarsi sui siti prescelti, che vi invieranno newsletter periodiche con programmi e suggerimenti. Eccone alcuni.
"Bambini di Roma" è davvero un pozzo di informazioni (www.bambinidiroma.com), con le sue finestre che offrono una panoramica attenta e particolareggiata sugli eventi della settimana rivolti ai più piccoli, come teatri, cinema, concerti, gite, laboratori, letture animate o corsi di cucina. C'è spesso la sezione dedicata al weekend, che segnala con cura tutti gli appuntamenti romani del fine settimana per bambini e genitori: visite guidate in giro per la città, ma anche spettacoli o eventi musicali che si svolgono solo di sabato e

domenica. Varie proposte riguardano poi attività all'aria aperta o luoghi nel verde, come parchi, ville e riserve naturali, che organizzano giochi, pic-nic e altre attività per bambini: fare un orto, andare a cavallo o costruire un erbario. In estate, poi, è facile trovare una sezione dedicata ai centri estivi, con indirizzi e segnalazioni utili per i vostri figli: un campus di pochi giorni o una settimana ecologica, fra natura, cultura e giochi. E infine corsi a non finire, con segnalazione di ludoteche e spazi attrezzati che propongono attività continuative per bambini e ragazzi o laboratori giocosi, che si svolgono tutto l'anno.

"Nostro figlio" (www.nostrofiglio.it), invece, è una rivista online, molto aggiornata, che offre consigli a mamme e papà su gravidanza, neonati e bambini, con numerose rubriche e servizi: dal concepimento al parto, dalla salute ai viaggi in famiglia, dal tempo libero alla psicologia. Un'area speciale del menu è dedicata ai bambini, con pagine su imparare giocando, allenare la manualità e pasticciare in cucina, che propongono giochi educativi, ninnenanne, ricette gustose e piccoli strumenti virtuali da suonare insieme.

Infine il sito "Roma per bambini" (www.romaperbambini.it), nato per iniziativa di un gruppo di mamme e papà ("impegnati nella straordinaria impresa di far crescere i propri figli nella città più difficile d'Italia"), è una vera miniera di informazioni pratiche e aggiornatissime su appuntamenti, eventi, spettacoli e attività da proporre a bambini e ragazzi nei fine settimana, e non solo.

Da 3 anni in poi

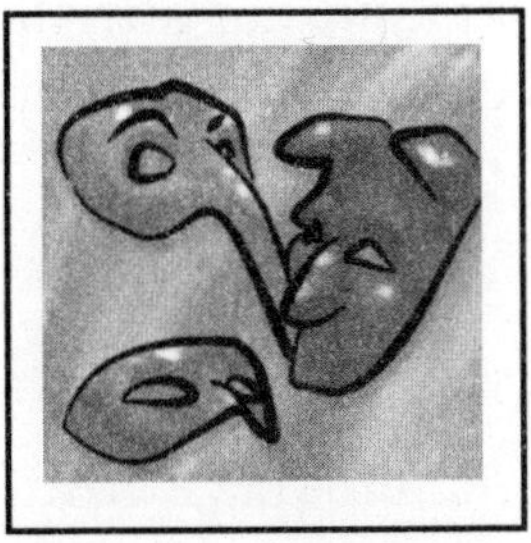

61.

Dove organizzare a Roma una super festa di compleanno

Le feste di compleanno di quando eravamo piccoli erano semplici e senza troppe pretese. Tutti a casa con panini e pizzette, patatine e Coca-Cola, un po' di musica e tanta confusione, i festoni attaccati alle finestre e i palloncini colorati sparsi nelle stanze. Poi le mamme proponevano piccole gare, buffe penitenze e l'immancabile asino disegnato sul cartoncino, a cui i bambini bendati dovevano attaccare la coda nel posto giusto. E per finire la torta con le candeline, i dolcetti, le foto, il filmino. Ma oggi siamo molto più esigenti, bambini e genitori, e anche la classica festa in casa è diventata un'altra cosa: più vivace, curata nei particolari, con giochi, karaoke, sorprese e qualche piatto raffinato. L'intrattenimento degli ospiti è spesso affidato agli animatori, che organizzano balli di gruppo, scenette, piccole cacce al tesoro e distribuiscono premi a tutti i vincitori.

In un modo o nell'altro, però, festeggiare il compleanno in casa è sempre piacevole e coinvolge la famiglia in un rito domestico che non tramonta mai. Ma se, almeno una volta, volete offrire a vostro figlio una festa diversa, veramente speciale, ci vuole un'idea, un luogo insolito e un filo condut-

tore: qualcosa, insomma, che coinvolga e stupisca i bambini e che sia molto gradito al festeggiato. Ecco qualche suggerimento. Allegre per i bambini e rilassanti per i genitori sono le feste in ludoteca: la Casina di Raffaello (a Villa Borghese, per informazioni: tel. 06 8558334) e Tecnotown (a Villa Torlonia, per informazioni: tel. 060608) hanno un servizio interno per prenotare i loro spazi attrezzati, gli animatori e il catering. Per un'ottima riuscita del compleanno, offrono giochi a non finire, laboratori a tema e divertimento assicurato. Lo stesso discorso vale per Explora, il Museo dei Bambini, dove ci sono feste pensate per i più piccoli, ma anche i night party per i nottambuli (per informazioni: tel. 06 3613776).
Se volete organizzare per vostro figlio una festa a tema in un luogo più insolito, vi suggerisco il magico mondo degli animali al Bioparco (info@bioparco.it), che offre pacchetti-festa completi di catering per bambini dai 4 anni in poi. Potete scegliere feste classiche, a tema e perfino caccie al tesoro. Fra i party a tema, eccone alcuni da tenere d'occhio: il *Libro della Giungla*, il *Giro del mondo*, le *Olimpiadi degli animali*, i *Grandi predatori* oppure *Bioparco in giallo*, per una compleanno da brividi, tra indizi e misteri! Se volete invece un compleanno all'insegna della cultura (ma sempre giocosa e divertente), la Cooperativa ArteinGioco ha un sacco di proposte per i genitori. Come le visite animate nei musei, al seguito di una misteriosa valigetta che contiene sorprese artistiche, da confrontare con le opere esposte. Oppure laboratori ludici e vivaci, per improvvisare tutti insieme una piccola recita o uno spettacolo di marionette (per informazioni: 06 44239949).

Ma se il compleanno di vostro figlio capita in estate o in primavera, Roma offre gratuitamente i suoi parchi verdi e bellissimi dove, con stile e buone maniere, potete organizzare una festa super, trasformando l'angolo che sceglierete in un meraviglioso spazio picnic, con panini, bevande e dolci su una bella tovaglia colorata stesa sul prato. E non sarà difficile improvvisare un po' di musica o qualche gioco da fare all'aperto e divertirsi tutti insieme, anche senza l'aiuto degli animatori!

Da 3 anni in poi

62.

Morire di paura per una mano fantasma

Eccoci a piazza Navona. Ma non per ammirare le sue splendide fontane o curiosare fra le bancarelle: il nostro percorso è nero e fa paura. Se avete un figlio coraggioso o molto pauroso (ma di quella paura emozionante, che stringe la pancia e piace tanto ai bambini), allora prendetelo per mano e dedicate una bella serata di luna piena a questa visita insolita della piazza e dei suoi fantasmi. Anzi, del suo fantasma, che ha una strana storia da raccontare. Per quanto riguarda l'ora non c'è alternativa: dopo le 21:00 in estate o dopo le 19:00 in inverno. Ma se riuscite a tirare più tardi, sarà ancora meglio: deve essere buio, con il sole tramontato da un pezzo e la luna pronta a sorgere. Le tenebre, appena schiarite dalla luna piena, sono lo scenario indispensabile perché si manifesti quella misteriosa presenza, che è la protagonista della nostra passeggiata notturna.
Ma cominciamo dall'inizio, seguendo tutte le istruzioni del caso. Sulla piazza, a destra della chiesa di Sant'Agnese in Agone (quella di Borromini, di fronte alla fontana centrale), tra il civico 28 e 39 c'è la facciata posteriore di palazzo De Cupiis, che ha il portone d'ingresso in via Santa Maria del-

l'Anima. Quel palazzo, nel Seicento, era abitato da Costanza Conti De Cupiis, una nobile romana che era un'artista del ricamo. Tanto che per le sue rinomate opere la chiamavano "Costanza bella mano". La donna, però, non era solo una brava ricamatrice: aveva anche delle mani eccezionali, al punto che uno scultore dell'epoca, colpito dalla loro bellezza, volle fare a quelle mani un calco in gesso. Il calco venne così perfetto che diventò presto mèta di pellegrinaggi: la gente faceva la fila per vederlo e toccarlo... tanto che la fama dello scultore salì alle stelle. Ma un giorno, un prete, dopo aver visto il calco, aggrottò la fronte, come colpito da un triste presentimento e confidò a qualcuno che quelle mani stupende avrebbero fatto una brutta fine. Il segreto volò di bocca in bocca e arrivò alle orecchie di Costanza, che cominciò a vivere in un incubo. Sentendo che qualcosa di terribile stava per accaderle, si chiuse in casa e ordinò perfino la distruzione del calco. Ma il suo destino era scritto: mentre ricamava si punse con un ago arrugginito e un dito si infettò così gravemente che fu necessario amputarle la mano. Ma non servì a nulla e in poco tempo, per l'infezione, la donna morì. Da allora si racconta che nelle notti di luna piena è possibile vedere la sua mano fantasma, bianca e perfetta, apparire riflessa su una delle finestre del palazzo che affacciano sulla piazza: forse proprio quella della stanza in cui la donna ricamava.
Chissà se vostro figlio avrà il coraggio di osservare per un po' quelle finestre? E magari gli sembrerà di vederla davvero, la mano fantasma, affusolata e un po' evanescente, perché la suggestione, la notte e la luna piena fanno strani scherzi! Ma se invece non la vedrà, come è probabile, questa vo-

stra passeggiata può essere l'occasione per passare insieme una serata insolita e diversa, da concludere con una pizza o con un bel gelato! Tutta roba che non piace ai fantasmi...

Da 6 anni in poi

63.

In giro fra mercatini di frutta e verdura

Per imparare a conoscere le stagioni e i cinque colori della salute, niente di meglio che andare per mercatini di frutta e verdura, soprattutto quelli piccoli, coperti dagli ombrelloni stinti, incastonati tra i palazzi di Roma, nel centro o nei quartieri storici della città. Questi mercati all'aperto hanno ancora quell'aria antica che piace tanto ai turisti, sono un po' arrangiati, disordinati e pieni di bancarelle, spesso ricavate da tavoli traballanti. Ma il loro contributo alla bellezza di Roma è sorprendente: sono una macchia di colore e una nota di allegria, che sbuca inaspettatamente dietro un angolo, davanti a un portone, in una piccola piazza. Così gioiosi, che vale la pena andarli a scovare con i bambini. Ma è bene spiegare meglio il significato di questo suggerimento, che va oltre la suggestione di un mercatino pittoresco. Dietro quelle bancarelle storiche, che stanno lì da diverse generazioni, c'è spesso un sor Armando o una sora Nella, che vendono merce freschissima. E a volte le loro cassette di frutta e verdura arrivano direttamente dal produttore, che ha l'orto o il campo nelle vicinanze di Roma: sono i cosiddetti "prodotti a km 0", più buoni e garantiti, perché

non perdono freschezza nei lunghi trasporti. Le bancarelle di questo tipo si riconoscono subito, perché la merce non è sempre perfetta. Gironzolandoci intorno, potete andare in cerca di mele piccole, beccate qua e là da un uccello, o di verdura esposta in cassette sporche di terra, con qualche foglia scura. Ecco, se individuate i banchi dei produttori, avete fatto centro: i prodotti sono tutti di stagione, non arrivano da lontano e quindi sono più genuini e nutrienti.
Andando per mercatini, proponete ai vostri bambini il gioco dei cinque colori. Basta trovare sui banchi la merce verde (come kiwi e broccoli), bianca (mela e cipolla), blu-viola (melanzana e prugna), rossa (pomodoro e anguria) e arancio (carota e mandarino), e scoprire quindi le proprietà di frutta e ortaggi che appartengono a ogni gruppo colorato: un vero scudo protettivo per i nostro organismo. Così, il rosso protegge i tessuti e riduce le malattie del cuore; l'arancio aiuta la vista, combatte i raffreddori e previene l'invecchiamento delle cellule; il bianco rinforza le ossa, i polmoni ed è nemico dei tumori; il verde previene molte malattie e aiuta la pressione; e infine il blu-viola, amico dei capillari e delle vene, combatte il colesterolo. E adesso si può finalmente fare la spesa insieme: divertente e sana, con l'occhio ai colori e ai prodotti di stagione!

Da 5 anni in poi

64.

Passeggiata golosissima in cerca di una cioccolateria veramente speciale

Provate a fare un indovinello a vostro figlio che abbia come soluzione la parola *cioccolata*. Un piccolo gioco fra voi, tanto per fargli assaporare il premio che poi gli proporrete: una passeggiata golosissima, con sosta obbligata in una delle più speciali cioccolaterie romane. Nel cuore del quartiere San Lorenzo, al numero 135 di via Tiburtina, c'è SAID, Antica Fabbrica del Cioccolato, che lavora delizie di cacao di tutto il mondo da quasi novant'anni. Entrate da una porticina un po' nascosta rispetto alla strada e vi trovate subito immersi in un mondo di delizie. Vetrine e vassoi a ogni lato traboccano di praline, confetti, biscotti, torte e tavolette e nei cestini colorati, ecco animali, fiori, frutti: tutto rigorosamente di cioccolata. Ma se vi spingete oltre la prima sala, sarete subito investiti dal profumo delle cioccolate calde fumanti, che potete gustare seduti ai tavolini in stile rétro o sprofondati su comode poltrone di velluto. E non manca mai neanche la panna, così densa che il cucchiaino resta in piedi, o i biscottini giusti da metterci accanto. Per non parlare delle palline di ricotta fresca al cioccolato e delle torte con i ri-

pieni caldi, morbidi e dal gusto che accarezza il palato. E la sera, ecco un menu speciale per mangiare a lume di candela senza prole al seguito, con piatti dolci e salati a base di cioccolato. Per le feste SAID si scatena, con le sue uova di Pasqua (ottime e con belle sorprese) o con i dolci natalizi dal sapore antico (torroncini in testa) o con certe tavolette dalle forme stravaganti, preparate per la festa di San Valentino. E fra tutte queste meravigliose dolcezze, ecco altre due cose da non perdere: il piccolo Museo del Cioccolato e i vecchi stampi degli animali. Il museo propone un minipercorso fra i macchinari d'epoca, usati in questa fabbrica nei primi anni del Novecento: come la macchina per tostare le mandorle e confettarle, quella per frantumare le fave di cacao, il tavolo per raffreddare il caramello e altri curiosi strumenti dell'antica arte cioccolatiera. E per finire, decine di vecchi stampi di alluminio lucente, appesi alle pareti, come a formare grandi quadri, con galletti, conigli, pesci e pecorelle. Immaginateli ripieni di cioccolato liquido che poi, raffreddandosi, prende la forma di quei dolci animaletti da far squagliare in bocca!
E ora che avete mantenuto la promessa e il vostro bambino ha i baffi marroncini e l'aria soddisfatta, potete fare ancora di più: regalare a tutta la famiglia un oggetto veramente unico, che trovate da D-Mail (catalogo online www.dmail.it). È la magica fontana del cioccolato, per togliervi la voglia ogni volta che volete, con una cascata di delizia liquida e densa da gustare in casa. Buona cioccolata a tutti!

Dai 3 anni in poi

65.

CON IL CANE, IL GATTO O IL CANARINO ALLA MESSA DEGLI ANIMALI

Se una domenica mattina volete fare un'esperienza veramente insolita ecco un suggerimento che fa per voi. Ma a due condizioni: che abbiate voglia di andare a messa e che vi piacciano gli animali. Se poi ne avete uno in casa (cane, gatto, canarino, coniglio ecc.) portate senz'altro anche lui, per assistere tutti insieme a una straordinaria funzione religiosa nella chiesa di San Giovanni dei Fiorentini, in via Acciaioli 2 (via Giulia). In questa bella chiesa romana, ogni domenica, da parecchi anni, c'è la messa degli animali, alle 10:00 e alle 12:00 (per informazioni: 06 68892059 – info@sangiovannideifiorentini.net). E questo vuol dire che i fedeli possono seguire la messa insieme ai loro amici a due o a quattro zampe, che non solo vengono ammessi alla funzione in gabbia o al guinzaglio, ma sono anche liberi di gironzolare intorno all'altare di Borromini, di accucciarsi sotto i banchi, di annusarsi, di appollaiarsi su una spalla amica o sopra l'acquasantiera. Insomma, possono muoversi dovunque vogliano in assoluta autonomia, e pregare a modo loro, con miagolii, cinguettii o piccoli educatissimi guaiti. E senza mai disturbare la liturgia! Quello che vi sembrerà incredibile durante la messa è proprio lo straordinario comportamento degli animali in chiesa: non sono invadenti né troppo rumorosi, non si azzuffano, non fanno bisogni, ma se ne stanno tranquilli e si sentono a loro agio, come se fossero consapevoli della straordinaria opportunità che hanno a essere accettati con i loro padroni in un luogo sacro. L'ideatore di tutto questo è stato monsignor Mario Canciani, lo storico parroco di San Giovanni dei Fiorentini. Padre Canciani era un prete veramente speciale. Convinto sostenitore del fatto che anche gli animali vanno in Paradiso e che hanno una loro dignità spirituale, decise di dare loro la possibilità di assistere alle funzioni religiose, inventando queste messe curiose con gli animali in libertà. Le prime è stato lui a celebrarle, per dimostrare alle autorità ecclesiastiche (scettiche e spaventate di trasformare le chiese in uno zoo) che tutto era possibile: padroni devoti e soddisfatti, animali tranquilli e felici. Le messe andavano avanti senza intralci, in un'atmosfera mistica e molto allegra, di grande partecipazione generale. Ed è quello che succede ancora oggi. Anche se padre Canciani non c'è più, i suoi successori lasciano le porte della chiesa aperte agli amici dell'uomo, per continuare questa bellissima tradizione. E se ci andrete con vostro figlio, vi stupirete anche per la presenza di tanti bambini e giovani che condividono con i loro cuccioli la messa della domenica. I cani sono sempre i più numerosi, come gli altri animali domestici in genere. Ma può capitarvi di incontrare perfino una scimmietta o un serpente arrotolato in una cesta: tutti sono bene accolti, senza nessuna preclusione! E poi, nella canonica vivono da sempre decine di gatti, figli e nipoti di quelli ospitati da padre Canciani. Piccoli guardiani pelosi di questa bella chiesa progettata da Antonio da Sangallo il Giovane, sormontata dalla cupola di Carlo Maderno: un insolito preziosissimo zoo, che vale proprio la pena di visitare, prima o dopo la messa.

Da 3 anni in poi

66.

Pizza bianca del fornaio ripiena di mortadella: istruzioni per l'uso

Per una merenda da leccarsi i baffi o uno spuntino sostanzioso, non c'è quasi niente che possa superare un bel pezzo di pizza bianca, calda e fragrante, piena di mortadella profumata. Un piccolo momento di gioia da condividere con i bambini.

Per fare questo, penserete, non serve leggere le pagine che seguono: basta scendere al negozietto sotto casa e chiedere quella pizza ripiena. Invece non è così semplice. Perché la vera pizza bianca è un'arte e la buona mortadella, tagliata come si deve, una specialità gastronomica che non tutti vendono. E gustarle insieme non è come mangiare un panino qualsiasi: è un rito, una festa, che stuzzica il palato e mette allegria. Per tutti questi motivi l'occasione merita una piccola attesa: va preparata, cercata con cura e poi consumata nel posto giusto. Cominciamo dalla mortadella: quella grande, rosea e profumata, aromatizzata o no (secondo i gusti) è la Negroni Stella. Ma ce ne sono anche altre, artigianali, che possono essere perfette per il vostro piccolo rito. Meglio comprarne una buona quantità, tagliata in fette sottili, e poi partire con quel pacchetto profumato alla ricerca del forno: perché è proprio la pizza bianca la chiave di riuscita del vostro spuntino meraviglioso. Quella che dovrete cercare è croccante ma con il cuore morbido, sottile ma non troppo, oleata, farinata e salata quanto basta e calda al punto giusto: in modo che la fragranza della mortadella si amalgami con il suo sapore, diventando una cosa sola.

A Roma sono pochi i forni che ce l'hanno così e che la sfornano in continuazione.

Tra quelli di quartiere, due in particolare hanno la pizza che fa per voi: Lucarelli, in via Simeto 12 (nel quartiere Pinciano) e Cuore di grano, in via Menghini 68 (nel quartiere Appio Latino). Ma nel centro di Roma, ce ne sono altri due da ricordare, che oltre alla qualità della pizza offrono una cornice spettacolare al momento del primo morso.

Panella, in via Merulana 54, è un forno storico che, per semplificare la vita, prepara la pizza bianca (sempre calda) già ripiena con un'ottima mortadella artigianale. L'altro, famosissimo, si trova in piazza Campo dei Fiori 22: l'unico inconveniente può essere la fila, ma questo fa parte dell'attesa che il vostro piccolo rito richiede. La pizza qui è calda e fragrante a tutte le ore del giorno e la mortadella la trovate sul posto, gustosa e sottile al punto giusto. Per consumarla subito, ecco la piazza, allegra e colorata, con le bancarelle fiorite, le vecchie case rosa e il monumento a Giordano Bruno: il posto giusto dove sedervi. Così, al primo morso, avrete tre sensi impegnati al meglio: la vista, con quello che vi circonda, l'odorato, con il profumo che si sprigiona dal pacchetto, e il gusto, con il sapore unico della vostra pizza calda, ripiena di mortadella.

Da 4 anni in poi

67.

Pescare pesci-mosaico e fare finta di recitare in un antico teatro romano

Ostia Antica è la nostra Pompei, a qualche fermata di metro dal centro di Roma. Come quella magica città all'ombra del Vesuvio, anche Ostia in epoca romana era un centro importante e super popolato. Anzi, era il porto della capitale, principale punto di smistamento delle merci dirette a Roma. E per questo brulicava di mercanti, artigiani, forestieri, persone di diverse etnie e culture che arrivavano qui da tutte le province dell'Impero. Era circondata da mura, piena di magazzini e di botteghe, ma anche di tavole calde per sfamare i viaggiatori. E per i residenti aveva case, terme, palazzi e perfino un teatro. La vita quotidiana si svolgeva nel foro, la piazza principale, dove la gente si incontrava, discuteva e concludeva affari.
Ecco, di tutto questo sono rimaste molte tracce, alcune ben visibili. Ma Ostia non ha avuto, come Pompei, la sfortuna (che è una fortuna per i visitatori di oggi) di essere ricoperta dalla lava del Vesuvio e di restare perciò ferma nel tempo, intatta, conservata quasi come allora. A Ostia Antica i luoghi e gli edifici non sono sempre riconoscibili al

primo colpo d'occhio, come quelli di Pompei. Perciò visitarla con vostro figlio richiederà qualche accorgimento, per trasformare il percorso tra gli scavi in una piccola avventura. Per prima cosa cercate di mettere in moto la sua fantasia, presentandogli la città antica come un luogo tutto da esplorare. Poi preparate qualche oggetto che potrà essere utile per trasformare la visita in un gioco (come quello del "fare finta", che funziona sempre). Vi consiglio di portare: forbici, cartoncino, il suo astuccio con pennarelli e colori, una bottiglia d'acqua, un bicchiere di carta, un po' di miele, un rotolino di spago e qualche legnetto, che forse potete trovare sul posto. E non dimenticate la macchina fotografica.
Raggiunti gli scavi di Ostia Antica, cominciate la vostra visita, prendendovi tutto il tempo che serve. Dopo l'ingresso, superata la Necropoli e la Porta Romana, fermatevi alla caserma dei vigili, che domavano gli incendi e sorvegliavano di notte le strade buie della città. Da qui proseguite su via della Fullonica, un'antica tintoria, con vasche per lavare e tingere i panni. Raccontate a vostro figlio che per fissare il colore sui tessuti o per sbiancarli veniva usata l'ammoniaca contenuta nella pipì, che i cittadini donavano generosamente. Non è il caso di invitarlo a fare finta di essere un antico donatore, anche se la cosa gli rimarrebbe impressa!
Dalla tintoria raggiungete il teatro, così bello e intatto che ancora oggi in estate ospita molti spettacoli. È il momento di fare il primo gioco, ritagliando il cartoncino a forma di maschera per il viso (con due buchi per gli occhi e uno per la bocca) e decorandolo col pennarello (capelli, sopracciglia, labbra). Poi suggerite a vostro figlio di

indossarla e di mettersi al centro della scena, per fare finta di essere un antico attore che recita con la maschera dall'espressione fissa: comica o tragica, dipende da come avrà disegnato i tratti del viso. Dopo la recita e qualche foto ricordo, proseguite il vostro giro procedendo con il teatro alle vostre spalle. Superate il Foro delle Corporazioni e i magazzini alimentari, fino a raggiungere la via di Diana. Percorrendola, vedrete un'*insula*, cioè un palazzo a più piani, e un *thermopolium*, antico fast-food, con uno speciale bancone per tenere in caldo i cibi. E qui inizia il secondo gioco, che trasformerà vostro figlio nel proprietario del *thermopolium*, intento a servire un vino aromatizzato al miele ai suoi clienti. Potrà prepararlo con il finto vino della vostra bottiglia (cioè l'acqua) e il miele (che avete portato), agitando il tutto e servendolo a voi, che pronuncerete frasi in finto latino, tanto per stare al gioco. Qualche foto vicino al bancone vi servirà a ricordare questo momento.
Dopo la sosta, superato il Museo Ostiense, raggiungete il *Capitolium*, alto sopra un podio: era il tempio più importante della città, dedicato a Giove, Giunone e Minerva, che formavano la triade capitolina. Nei pressi, ecco le Terme del Foro, le più belle di Ostia, con una palestra, un gabinetto a più posti (*latrina*) e vasche per fare il bagno a tutte le temperature: fredda, tiepida e calda. Proseguendo, incontrerete molte case private e altre terme: da non perdere le case-giardino, che avevano un bel cortile interno pieno di piante. Superata la Porta Marina, le botteghe e il *Macellum*, l'antico mercato della carne, ecco la via Caupona dove troverete un bellissimo mosaico che decora il pavimento della Domus dei Pesci. L'ultimo gioco potete proporlo

I MOSAICI DI OSTIA ANTICA

proprio qui: pescare quei pesci-mosaico con tanto di lenza (legnetto) e cordino. Oppure potete chiedere a vostro figlio di copiarli dal vero, per portare a casa molto più di una foto: la sua prima esperienza di artigiano mosaicista in un'antica città romana!

Per informazioni: 06 56350215
ostiaantica.info@beniculturali.it

Da 6 anni in poi

68.

La Barbie fa la conoscenza di una sua antenata romana

Se la vostra bambina ama giocare con le bambole e se fra quelle bambole c'è anche una Barbie, con tanto di corredino, accessori e beauty case, certo le piacerà venire con voi a conoscere una bambola di duemila anni fa, snodabile e sofisticata, proprio come la sua. Anzi, potete suggerirle di portarsela dietro, per confrontarla con le sue antenate. Di queste Barbie dell'antichità a Roma ce ne sono diverse, come la famosa Bambola di Crepereia, la Bambola di Cossinia e quella di Grottarossa, che prendono il nome dalla bambina che le possedeva o dal luogo in cui sono state ritrovate. Molto carine e ben conservate, queste tre hanno tutte caratteristiche comuni: pettinature elaborate, corredini da capogiro, movenze da ballerina, braccia e gambe snodabili; perfino le unghie di mani e piedi sono curatissime. Come succede anche oggi, le bambole così sofisticate avevano un fisico da adulte, per dare alle bambine di allora una specie di modello da seguire. E naturalmente erano destinate a bambine nobili o ricche: le altre dovevano accontentarsi di qualcosa di più semplice, come una pupa di terracotta o una pupazzetta di stracci, con i capelli fatti di stoppa.

Potete raccontare a vostra figlia che, in genere, le bambine romane antiche giocavano con la bambola molto più a lungo che ora, fino alla vigilia del matrimonio, quando con una cerimonia speciale offrivano alla dea Venere tutti i loro giocattoli: questo rito segnava l'ingresso della fanciulla nel ruolo di sposa e madre. È pur vero che le giovani romane si sposavano molto presto (tra i 13 e i 16 anni), ma è comunque impensabile che un'adolescente di oggi si diverta ancora con una bambola, per quanto abbia il look simile a quello di una ragazza.
La bambola antica più celebre, detta Bambola di Crepereia (dal nome della bambina a cui apparteneva) risale al II secolo d.C. Se volete accompagnare vostra figlia a fare la sua conoscenza, andate alla Centrale Montemartini, dove attualmente è esposta, in via Ostiense 106: il museo – che si trova nella sede di una vecchia Centrale Teormoelettrica – è uno straordinario esempio di archeologia industriale (aperto da martedì a domenica, h.9:00-19:00). La bambola è un piccolo capolavoro nel suo genere: alta ventitré centimetri, in avorio scurito dal tempo, ha un viso dai tratti perfetti, buchi alle orecchie per gli orecchini e una ricca acconciatura di sei trecce che incoronano la testa, tipica delle spose romane. Braccia, gambe, gomiti e ginocchia sono articolati con piccoli perni, mani e piedi sono perfetti. La pupa ha perfino un cofanetto con gioielli d'oro in miniatura e gli accessori per farsi bella: pettinini d'avorio e specchietto d'argento. Una misteriosa scatola vuota, trovata accanto a lei, conteneva forse i suoi vestitini. Le altre due Barbie dell'antichità, la Bambola di Cossinia e la Bambola di Grottarossa, si trovano nel Museo

Nazionale Romano di palazzo Massimo, a largo di Villa Peretti 1. Molto simili alla Bambola di Crepereia, anche loro sono fatte d'avorio e hanno un ricco beauty case di collane d'oro vero, braccialetti e perfino cavigliere. Roba da fare invidia alla loro pronipote!
Per informazioni: 060608

Da 5 anni in poi

69.

PORTARSI UNO SPECCHIETTO PER GUARDARE DA VICINO IL DITO PIÙ FAMOSO DEL MONDO

Visitare la Cappella Sistina in modo insolito, per conoscere da vicino i personaggi che popolano i suoi meravigliosi affreschi: un'esperienza particolare da vivere con vostro figlio nei Musei Vaticani, i più famosi della città e forse di tutto il mondo. Come lasciarsela scappare? C'è un solo problema. Nella famosa Cappella è vietato parlare: si può solo sussurrare e guardare. Ma tanto basta, perché quello che si vede là dentro parla eccome, travolge con i suoi colori, con le forme, racconta e cattura, meraviglia e incanta. Anche un bambino può restare a bocca aperta senza emettere suoni, solo per lo stupore che suscitano i suoi affreschi, con le figure che sembrano staccarsi dalle pareti e dalla volta e venirgli incontro, accecandolo quasi con i loro colori.
La visita dunque è possibile e niente affatto noiosa, a patto che sia speciale. E per questo ecco un consiglio prezioso: portarsi da casa uno specchio. Il trucco dello specchio funziona sempre e non solo nella Cappella vaticana: è utile per osservare tutto quello che è dipinto, scolpito o arrampicato troppo in alto, su un soffitto, una cupola, una volta. Lo

specchio però non dovrà essere troppo piccolo, né troppo grande, perché sarebbe difficile da maneggiare. Ed ecco, con il vostro strumento a portata di mano, percorrerete ingressi, sale, corridoi, scale, fino ad arrivare alla mèta. Ma prima di entrare nella Cappella, sarebbe meglio raccontare qualcosa a vostro figlio, prepararlo a quello che vedrà, perché se dentro è meglio non parlare, fuori si può. Gli affreschi alle pareti sono di grandi artisti, ma quelli più importanti e famosi li fece Michelangelo, che dipinse la volta e la parete di fondo. Sdraiato su un'impalcatura vertiginosa, Michelangelo dipingeva giorno e notte, senza permettere a nessun estraneo di entrare per tutti e quattro gli anni in cui lavorò a quest'opera grandiosa: nemmeno il papa riuscì a vederla finché non fu terminata. Ma quel giorno forse anche lui spalancò gli occhi per la meraviglia, di fronte ai duecento personaggi che interpretano vari episodi della Bibbia: dalla *Creazione* al *Giudizio Universale.* E tutti si muovono, volano o sprofondano, si girano, aprono libri, abbracciano colonne pericolanti, soffiano nelle trombe, gridano, precipitano nell'acqua. Sulla parete di fondo, ecco le anime dei morti che affrontano il giudizio divino: ci sono i dannati in basso e poi sempre più su gli eletti e le anime dei giusti. I dipinti della volta, invece, raccontano vari episodi della *Creazione*, dall'universo con le prime creature, fino all'uomo. Ed ecco il tema fondamentale, che colpisce per l'intensità e la semplicità del gesto e che va osservato da vicino, con l'aiuto dello specchietto. Nel riquadro centrale, Dio trasmette la vita al primo uomo, Adamo, che appare nudo e sdraiato. Tutti e due hanno le braccia tese, che si avvicinano, mentre il dito del Creatore cerca quello dell'uomo, per infondergli la sua essenza. Materia e spirito si fondono in questo gesto: in quelle due dita che si cercano sta tutta la storia dell'umanità, che Michelangelo è riuscito a riassumere così efficacemente. Chissà se il vostro bambino potrà cogliere il significato di quel momento magico? La sensibilità dei piccoli spesso ci lascia stupiti e anche la loro capacità di andare oltre i messaggi visivi. Ma se quel dito umano e quello divino restano per lui solo due immagini, avrà visto lo stesso uno dei capolavori dell'arte di tutti i tempi. E forse ne sarà valsa la pena.

Da 6 anni in poi

70.

Sul Palatino, in cerca della prima capanna di Romolo

Il Palatino è uno dei sette colli di Roma e forse il più famoso, perché proprio lì, secondo il mito, nacque la città. Visitarlo con i bambini è una piccola avventura nella storia e nella leggenda, per le incredibili testimonianze che racchiude: dal primo villaggio di pastori che lo abitarono alle imponenti residenze degli imperatori, costruite molti secoli dopo in questa area verde e panoramica, la più esclusiva della Roma imperiale. Ma prima di ammirare le dimore principesche (come la Casa di Livia o il Palazzo di Augusto), vi consiglio di fermarvi con i bambini a scoprire le capanne di quel primo villaggio, perché secondo la tradizione in una di quelle visse Romolo, il fondatore della città. Sarà come coinvolgerli in una storia antica e fiabesca, che si apre con la leggenda della Lupa: è il momento in cui tutto ebbe inizio, è la città prima della città.

Per arrivare in quest'angolo immerso nel verde, entrate nel Foro Romano, percorrete la via Sacra fino all'Arco di Tito e salite sul Palatino, dalla rampa che parte a destra: superato il tempio della *Magna Mater*, ecco i resti di tre capanne, con i pavimenti scavati nel tufo e i segni dei fori, per pian-

tare i pali di sostegno. Erano pali di legno, ormai spariti, ma la loro disposizione è un indizio prezioso per ricostruire la forma di quel piccolo villaggio, a pianta ovale, con un portichetto davanti all'ingresso. Nella zona esterna alle capanne, si notano perfino i canaletti per far defluire l'acqua piovana ed evitare così gli allagamenti; nel vano centrale del villaggio, invece, sopravvivono le tracce del focolare, per scaldarsi o cuocere il cibo, con residui di carbone ancora visibili.
Basta un po' di fantasia, per ricostruire con i bambini la vita in quelle antichissime capanne, individuare quella di Romolo e immaginare le sue pareti e la sua copertura (di fango, paglia e canne), con il tetto poggiato su travi inclinate, sorrette dal palo centrale. A sud del villaggio, gli archeologi hanno collocato il *Lupercale*, la mitica grotta dove la lupa allattò i gemelli. Vedere tutto questo e farlo rivivere a vostro figlio sarà come entrare direttamente nella leggenda più famosa del mondo, che racconta le origini della nostra città.

Da 6 anni in poi

71.

SANTA PUPA E IL SUO TESORO

Santa Pupa non è una piccola santa, ma un maschietto paffuto che raffigura il Santo Bambino. Ha questo strano soprannome femminile da un tempo imprecisato e una straordinaria capacità di fare miracoli. Così almeno racconta un'antica leggenda romana. Questa statuetta prodigiosa si trova nella chiesa di Santa Maria in Ara Coeli, a due passi da piazza Venezia. È una chiesa dalla facciata semplice e pulita, che sta lì, altissima, su una delle due cime del Campidoglio e che sembra toccare il cielo. Per raggiungerla, una scalinata molto ripida, di centoventiquattro gradini. Accompagnare vostro figlio a fare la conoscenza di *Santa Pupa* e della grande devozione che la circonda, può essere anche l'occasione di visitare in modo insolito questa chiesa, bella e molto antica o di guardare la città dall'alto, una volta saliti fin lassù. Ma andiamo con ordine e cominciamo dalla statuetta. La trovate nella sua cappella privata, nei pressi della sagrestia. Si dice che possa guarire dalle più gravi malattie e che le sue labbra si colorino di rosso vivo quando è pronta a fare miracoli. Sarà vero? Molti ci credono e ci hanno creduto anche nei secoli passati, tanto che la statuetta prodigiosa veniva portata in carrozza al capezzale degli infermi. Anche oggi *Santa Pupa* è molto venerata e la vedrete circondata da un mare di lettere, lumini, fotografie e preziosi *ex voto*, che gli arrivano da tutte le parti del mondo. Sono richieste di aiuto o doni di ringraziamento per guarigioni avvenute. Ma tutta questa notorietà è costata cara: l'immagine è stata rubata molte volte, ritrovata e infine sostituita con una copia perfetta, che conserva (dicono) tutte le caratteristiche dell'originale, miracolosità compresa.

Dopo la visita a *Santa Pupa*, potete suggerire a vostro figlio di esplorare la chiesa, che ha opere d'arte pregiate, ma offre anche la possibilità di fare piccole scoperte curiose. Può cominciare andando in cerca di due colonne uguali. Per fare questo dovrete attraversare la navata centrale e osservare attentamente. Noterete così che le colonne sono tutte diverse fra loro e alcune perfino più basse. Se la cosa lo incuriosisce, spiegategli che questa diversità non è un capriccio architettonico, ma dipende dal fatto che le colonne sono state recuperate da templi pagani o da edifici d'epoca romana. Un altro particolare insolito è la grande quantità di lapidi e lastre tombali che si trovano ovunque, anche sul pavimento, tanto che per evitarle dovrete fare una specie di gimkana. Le lapidi appartengono a tombe di nobili romani, che un tempo venivano sepolti nelle chiese: osservarle da vicino può essere un modo per scoprire certi dettagli insoliti o per vedere com'erano fatti abiti, cappelli e calzature del personaggio rappresentato. Quando sarete fuori dalla chiesa, in cima alla ripida scalinata, raccontate a vostro figlio una diceria bizzarra che la riguarda: chi vuole vincere al lotto dovrà salire in ginocchio quei centoventiquattro gradini senza mai guardare indietro. Provare per credere!

Da 5 anni in poi

72.

In barca nel laghetto di Villa Borghese, tra anatroccoli, banani e bambù

Villa Borghese è un'isola verde nel cuore della città, un parco gigantesco che attraversa Roma, la taglia, la penetra, la circonda, si estende in pianura e poi sale su, fino a una collinetta boscosa, che finisce nella grande terrazza aperta sul panorama. E dentro quest'*isola che c'è,* vive una città nella città, con tutto quello che potete desiderare per voi e per il vostro bambino. Trascorrerci qualche ora o un'intera giornata, in qualsiasi stagione dell'anno, è quasi come fare uno strano viaggio, che propone un'evasione totale, senza però abbandonare mai Roma e la sua magia. Ecco, Villa Borghese offre il meglio della città, promette divertimento, cultura, contatto con la natura e offre a grandi e piccoli un'infinita varietà di cose da fare e da vedere. Fra piante secolari e edifici storici, ecco luoghi e musei da visitare, viali, fontane e giardini, personaggi di pietra e angoli incantati da scoprire. E in questo parco prodigioso si trovano anche un cinema e un teatro per i bambini (il Cinema dei Piccoli, il Teatro San Carlino), una ludoteca (la Casina di Raffaello), le giostre, il Bioparco, un galoppatoio vero e pony da cavalcare per gioco. Se volete fermarvi più a lungo, non mancano i punti di ristoro: potete fare un pranzo completo nel ristorante della Casa del Cinema, ma anche uno spuntino nei piccoli chioschi che si incontrano passeggiando. Le strade sono buone e la via ciclabile è facile per tutti, anche per i più piccoli: le bici si affittano al parcheggio di Villa Borghese e in tanti altri punti all'interno del parco. Dalla collina del Pincio alla valle o in senso inverso, potete scegliere il percorso da fare con vostro figlio seguendo una mappa, l'istinto o la fantasia. Se è amante degli animali, potete andare a scoprire quelli scolpiti nei "giardini segreti" (il Portico dei Leoni, la Fontana dell'Aquila, del Drago e dei Cavalli Marini). Ma se preferisce gli animali in carne e ossa, li troverà nel Bioparco, ricco di sorprese. Se invece siete voi che volete vedere come funziona un orologio solare, farvi ingannare dalle finte rovine o ammirare le piante rare e preziose, in questa villa si può fare questo e molto di più. E poi la sorpresa finale che piace a tutti, grandi e piccoli: il magico laghetto circondato da magnolie, banani e bambù, dove si può perfino prendere in affitto una barca e remare fra gli anatroccoli. Vi incanterà quel laghetto, nel bel mezzo del Giardino del Lago: imita uno stagno naturale con un'isola al centro, sormontata da un tempio classico dedicato al dio Esculapio. Villa Borghese era il giardino principesco di un cardinale famoso (Scipione Borghese), che nel Seicento volle qui la sua villa di delizie. E ancora oggi possiamo chiamarla così. Una mèta romana classica, che svela ogni tanto qualche nuova attrazione: come i pattinatori acrobatici o i virtuosi dello skateboard che fanno mille evoluzioni spettacolari nel

☐ IL LAGHETTO DI VILLA BORGHESE

viale centrale del parco. E alla fine di una giornata all'aria aperta se chiederete al vostro bambino che cosa ha apprezzato di più della passeggiata, forse la sua risposta sarà imprevedibile. Proprio come questo parco romano.

Da 0 anni in poi

73.

DIECI METRI SOTTO TERRA, PER ENTRARE NELLE CASE DEGLI ANTICHI ROMANI

L'avventura inizia con un portoncino di via San Paolo alla Regola: siamo a palazzo Specchi, nel centro storico della città. È un vecchio palazzo del Cinquecento occupato al primo piano dalla Biblioteca Centrale per Ragazzi e ai piani superiori da qualche casa privata. Ma oltrepassando quel portoncino, ecco una scala che scende giù nel sottosuolo di Roma, attraverso quattro piani sotterranei di antiche strutture, che svelano come quello spazio sia stato utilizzato e vissuto attraverso i secoli. Un'esperienza emozionante da fare con vostro figlio, alla scoperta di un mondo sotterraneo che ha molto da raccontare. E vi sentirete un po' come speleologi, che esplorano i segreti di una Roma buia e misteriosa, scendendo a un livello di oltre dieci metri di profondità rispetto al piano stradale. Per entrare in quest'area archeologica straordinaria, aperta al pubblico da qualche anno, basta prenotare una visita guidata al numero 060608. La visita è ben organizzata, ma è meglio portarsi una torcia elettrica, che può sempre essere utile. In questo insolito viaggio nel passato e nella profondità del sottosuolo, forse a vostro figlio piacerà ascoltare le spiegazioni della guida, che descrive e racconta. Ma quello che lo colpirà di più sarà senz'altro l'atmosfera, il piacere dell'esplorazione e della scoperta, la semioscurità e la sensazione di trovarsi in un luogo così diverso, immerso nella storia e insieme fuori dal tempo. Tutti gli ambienti che visiterete sono pieni di fascino, dai magazzini costruiti all'epoca dell'imperatore Domiziano alla Sala delle Colonne, fino alle case private. È questo il momento più emozionante, in cui si accende la fantasia. Vedendo una casa, è facile sentirla parlare, entrare nella vita quotidiana dei suoi abitanti, immaginarli affacciati alle finestre, mentre salgono le scale, aprono una porta o escono nel cortile interno. Ed è perfino possibile immaginare la loro giornata tipo o il tenore di vita che avevano. Queste case romane non erano abitazioni di lusso, ma palazzi popolari di quattro o cinque piani, senza fronzoli e senza decorazioni. E forse erano destinate a persone che facevano mestieri semplici, come artigiani, operai o piccoli commercianti, e che magari lavoravano dietro l'angolo o sulle rive del Tevere: uno spaccato di vita romana antica che sopravvive qui, nel sottosuolo della città.

Nel vostro percorso vedrete nicchie, porte, archi, vasche, anfore e pareti che si interrompono e s'incastrano. Anche i materiali da costruzione sono diversi e appartengono ai diversi momenti in cui tutto l'edificio è stato utilizzato e vissuto. Dall'epoca romana al Medioevo, dopo crolli, incendi e ricostruzioni, questi ambienti ebbero nel tempo varie destinazioni e a svelarlo sono alcuni indizi curiosi ritrovati sul posto. Come un cumulo di denti di maiale, che testimonia perfino la presenza di un antico porcile, forse collegato a una macelleria che lavorava le carni suine. Alla fine del percorso, ecco di nuovo il cielo di Roma. Il portoncino si chiude: siete in via San Paolo alla Regola, circondati da case medievali. Sono queste il seguito della storia che avete visto e ascoltato poco fa: è il tempo, che si srotola e continua, da sotto a sopra, fino ai nostri giorni. E può essere divertente per vostro figlio, una volta a casa, provare a disegnare tutto questo: le case romane sotto il piano stradale e quelle medievali sopra. Nello stesso luogo, dove la storia passa e va.

Da 8 anni in poi

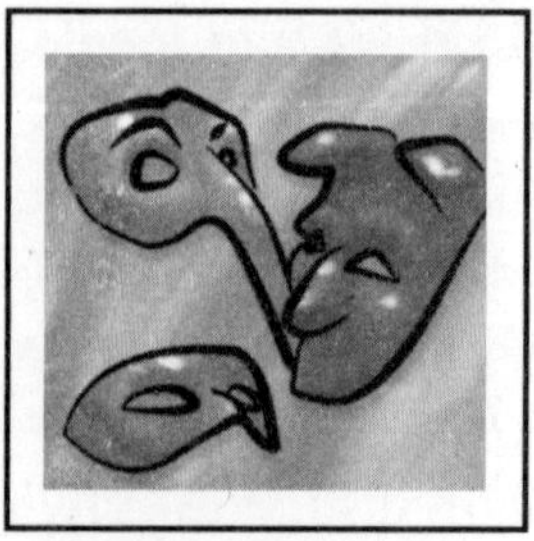

74.

Scoprire i segni lasciati a Roma dalla spada del paladino Orlando

Tra piazza Capranica e via dei Pastini, ecco il vicolo della Spada di Orlando. La prima cosa curiosa di questa stradina è che non ha porte né portoni d'ingresso. La seconda è il suo nome, che dedica il luogo a una spada. Non si tratta, però, di una spada qualunque, ma di quella eccezionale del paladino Orlando: la mitica Durlindana.
Ora è possibile che vostro figlio non abbia mai sentito parlare né di Orlando né della sua spada, perché è troppo piccolo o perché a scuola certe antiche e complesse avventure epiche non si leggono più. In questo caso, sta a voi rimediare, (magari con il celebre *Orlando furioso raccontato ai ragazzi* di Italo Calvino), prima di portarlo in questo angolo di Roma, a scoprire una leggenda segreta legata a Durlindana, la spada di Orlando.
Nel nostro vicolo, alle spalle di un palazzo, c'è una misteriosa colonna, ignorata dai turisti e dalle guide. Chiedete a vostro figlio di cercarla e di osservarla per bene, in ogni particolare. Su quella colonna, infatti, si nota una spaccatura netta, come un colpo di lama dato con forza. È il momento di raccontargli la storia che custodisce.

Si narra che il paladino, durante i suoi numerosi viaggi, arrivò a Roma, dove fu sfidato a duello da alcuni cavalieri locali. Accerchiato in quel vicolo buio, che non gli lasciava via di scampo, sfoderò la sua fedele spada per allontanarli e sferrò una serie di colpi a vuoto. Uno dei colpi prese in pieno la nostra colonna, segnandola con una netta scalfittura. Nei racconti del ciclo di Orlando si dice che quella spada era straordinaria, perché conteneva nell'impugnatura alcune reliquie che la rendevano unica al mondo: un dente di san Pietro, il sangue di san Basilio, i capelli di san Dionigi e un frammento del vestito della Madonna. Ma nonostante la protezione di Durlindana e di tutti i suoi santi, non sappiamo se Orlando, in quell'occasione, ebbe la meglio sui cavalieri romani o se le prese di santa ragione. Questo la leggenda non lo racconta. Chissà se vostro figlio vuole inventare lui il finale della storia? Per voi, invece, il mistero della colonna ferita è subito svelato: è uno dei tanti resti di edifici romani di cui è piena la nostra città. Ma non ditelo al bambino e lasciatelo sognare Orlando e Durlindana.

Da 7 anni in poi

75.

La cupola che non c'è e altri inganni nella chiesa di Sant'Ignazio

Una chiesa che sembra un palcoscenico, dove tutto è illusione ottica, finzione, dove gli elementi appaiono e poi spariscono, un sipario si apre e si chiude, i santi volano in uno spazio inventato, l'occhio si posa su una cupola che non c'è, falsa come una scenografia teatrale. È la grande cappella di Sant'Ignazio da Loyola, una delle chiese barocche più suggestive di Roma, dove il gioco del "fare finta", che piace tanto ai bambini, diventa arte. Ecco un buon motivo per portarci vostro figlio e sorprenderlo, fra momenti di puro teatro e qualche trucco da fare insieme. Ma ricordatevi, sarà utile avere a portata di mano uno specchio.
Già nella piazzetta che sta davanti alla chiesa si respira un'atmosfera da piccolo teatro settecentesco. Ma il palcoscenico dov'è? Per trovarlo, basta entrare.
Sarete subito accecati dall'oro, dagli stucchi, dal colore, dalla lucentezza: non si sa dove poggiare lo sguardo perciò è meglio concentrarsi sul grande altare dedicato a sant'Ignazio. Fra colonne sormontate da archi, la statua che lo raffigura (ma che non sempre si vede) è un trionfo d'argento, anzi,

di stucco argentato. Una statua finta anche lei, perché quella vera (in argento puro) venne fusa dai francesi, alla fine del Settecento, che s'impadronirono di tutto il metallo prezioso. Ma dove sta questa scultura, vera o finta che sia? Si trova nella nicchia centrale dell'altare, ma la nicchia è coperta da una grande tela che la nasconde. E su quella tela Andrea Pozzo (il prete pittore che ha decorato gran parte della chiesa) ha dipinto sant'Ignazio, con angeli, vangeli e altri simboli sullo sfondo. La tela dipinta funziona come un sipario, che sale e scende con un sistema di bilancieri: perciò la statua si scopre nelle grandi festività e si ricopre negli altri periodi dell'anno. L'altare si trasforma così in un palcoscenico.

Spostiamoci sotto la volta della navata, illuminata da sei finestroni. Osservandola bene vedrete un cielo smagliante pieno di figure in volo, che s'intrecciano e si sovrappongono: un piede esce di qua, un braccio sembra venirvi incontro, due gambe filano verso l'alto. Se date a vostro figlio lo specchio che avete portato, potrà osservare meglio quel trionfo di corpi, di luce, di santità che si muove lassù: basta che metta i piedi nel punto giusto, sopra il cerchio giallo che sta sul pavimento della navata. La scena rappresenta una seconda chiesa, finta, che si sovrappone a quella vera, dove vi trovate. Tutto quello che vedrete è un'illusione, creata da una prospettiva che altera i volumi e falsifica lo spazio, dipinto come se fosse in 3D. In poche parole si tratta di un trompe l'œil, una tecnica pittorica che crea una erronea impressione, anche questo opera di Andrea Pozzo, maestro dell'illusionismo prospettico. Fintissima è anche la cupola, riprodotta su una gigantesca tela rotonda e così perfetta da sembrare vera. Se il vostro bambino non ci crede, portatelo fuori dalla chiesa per fare un controllo. E vedrà con i suoi occhi che quella è proprio la cupola che non c'è!

Da 7 anni in poi

76.

Un picnic a Villa Ada, per consolarsi di una gita mancata

Una domenica di sole e tanta voglia di andare in campagna... avete preparato panini e bevande, avete perfino un ciambellone appena sfornato da mettere nel cestino: tutto è pronto per bel un picnic! Vostro figlio non sta nella pelle, ma improvvisamente vi accorgete che si è fatto tardi, che la fila di macchine dirette fuori Roma è infinita e avete già tutti una fame da lupi. Allora capite che ci vorrebbe un'idea! Un posto verde, ombroso, tranquillo, che somigli alla vostra meta in campagna, dove poter fare ugualmente il picnic desiderato, ma senza allontanarsi dalla città! Un parco, magari, ma così grande e sconfinato che dia l'illusione di immergersi nella natura, dove il vostro bambino possa correre, saltare, rotolarsi e perché no anche giocare a ruba bandiera! Dove trovarlo, a Roma, un posto così?
La storiella della gita mancata è un modo come un altro per suggerirvi una giornata di sole a Villa Ada, con vostro figlio, i suoi amici, tutta la famiglia o anche voi due da soli: di posto ce n'è per tutti. E di prati anche, dove stendere la tovaglia a quadretti e consumare tutto ma proprio tutto il

contenuto del vostro cestino. E poi, per digerire, ecco tante possibilità di movimento, fra natura, cultura, esplorazione e gioco. Villa Ada è uno dei parchi più estesi di Roma, il secondo, dopo Villa Pamphili: grande, spettacolare, selvaggio, un polmone verde a due passi dal centro.

Se entrate da via Salaria 265 (uno dei tre ingressi) e percorrete il viale sulla destra, trovate la vegetazione più fitta, i prati più ondulati, il lago con le papere e i pesci rossi. Gli alberi formano a tratti una selva impenetrabile, che ogni tanto si apre con radure e vialetti: sono pini, cipressi, querce da sughero, palme e melograni, lecci e allori che si spingono fino a Monte Antenne, il punto più alto del parco.

E fra le piante ecco tanti animali in libertà, come scoiattoli e conigli selvatici, ranocchi, ricci e una ricca comunità di uccelli, tanto che può capitare perfino di sentire il verso inconfondibile di un picchio. In un parco di dimensioni così grandi c'è da perdersi! Meglio seguire il circuito a forma di anello, con pannelli che illustrano le caratteristiche delle varie zone. Se siete amanti del moto e dello sport, potete fare un bel giro in bicicletta, prendere i sentieri per lo jogging o il percorso attrezzato per la ginnastica.

E il vostro bambino, oltre alla possibilità di rotolarsi sui prati, improvvisare giochi, esplorare le piante, scovare animali, avrà a disposizione anche una giostra, una pista di pattinaggio e un'area ludica.

Ma nella villa ci sono anche alcuni edifici storici e forse vale la pena dargli un'occhiata, magari all'imbrunire, quando deciderete di incamminarvi verso l'uscita. Uno di questi edifici è il Casale delle

Cavalle Madri, che un tempo ospitava le cavalle gravide, trasferite qui dalle Scuderie del Quirinale. Una nota tenera e antica prima di lasciare questo parco romano, dopo la vostra finta gita in campagna, con tanto di *vero* picnic...

Da 0 anni in poi

77.

Ossa, piume e zoccoli al Museo di Zoologia

Ossa, peli e piume, manti, musi e zoccoli che si compongono e scompongono nelle molteplici specie animali a cui appartengono, in centinaia di esemplari spiegati e raccontati da pannelli, strumenti interattivi e ricostruzioni ambientali. E un percorso per scoprire il fantastico mondo degli insetti, fra gli esoscheletri e le ali coloratissime delle farfalle. Il tutto in uno spazio completamente rinnovato, dove lo stupore e la conoscenza si mescolano e si completano. È il Museo Civico di Zoologia, in via Aldrovandi 18, a due passi da Villa Borghese. Andare lì con vostro figlio può essere il modo di condividere un'esperienza coinvolgente per entrambi, esplorando insieme i segreti della biologia animale, con un percorso facile e accattivante. Appena entrati, vi sentirete accolti in un ambiente ampio e luminoso, subito attratti dai primi esemplari stupefacenti. Siete nel grande salone del museo, inizio (e poi fine) del vostro percorso. Qui, un imponente scheletro di elefante domina su tutti gli altri. È il più appariscente di una preziosa collezione di scheletri di mammiferi, che vi daranno un'idea della possibilità di adattamento di questi animali all'ambiente: sulla terra, in mare, in cielo,

Il Museo di Zoologia

per la corsa veloce o per la presa del cibo. Proseguendo il vostro giro, verrete catturati dal metodo seguito per esporre il materiale nelle sale e dalle diverse possibilità di comunicazione che offre il percorso: moderne e interattive, ma anche storiche e tradizionali. Una parte del museo, infatti, è completamente rinnovata, con un itinerario articolato secondo criteri innovativi e multimediali. Ma c'è anche la sezione ottocentesca molto affascinante (il cosiddetto "Vecchio Museo"), dove gli animali impagliati sono esposti nelle vetrine e segnalati da cartellini scritti a mano, secondo il modello degli antichi musei di storia naturale.
A parte le sale antiche, tutto ciò che vedrete è dedicato alla varietà degli animali e dei loro ambienti. I vari temi sono articolati in unità espositive, piccole mostre collegate tra loro dal tema comune della diversità. Ve ne segnalo solo alcune: le altre le scoprirete con vostro figlio passeggiando e selezionando quelle che lo interessano di più. La sezione intitolata Amori Bestiali illustra la riproduzione degli animali e le lotte per la conquista delle femmine. Un'altra è dedicata agli adattamenti che permettono ad alcuni animali di sopravvivere in ambienti e condizioni di vita molto difficili: si chiama Vivere al Limite e racconta, con diorami e ricostruzioni, la vita in un deserto, nei ghiacci, nel buio delle caverne o negli abissi marini. Ecco ancora due sale dedicate alla sezione Mammiferi e un'altra, piccola ma spettacolare, che ospita la sezione Anfibi e Rettili, dove stupirvi con la gigantesca tartaruga-liuto o col più grande anfibio vivente sulla terra: la salamandra del Giappone. Ma queste sono solo pillole di un percorso molto più vasto e vario, che certamente

piacerà un sacco a vostro figlio. E prima di lasciare questo museo, informati sui laboratori per bambini, che la cooperativa Myosotis organizza presso didattico (per informazioni: tel. 06 97840700 - www.myosotisambiente.it). Un modo divertente e giocoso per entrare in contatto diretto con il magico mondo degli animali, vicinissimo a noi e per tanti aspetti ancora sconosciuto.

Da 4 anni in poi

78.

SHOPPING IN BICICLETTA AL CENTRO DI ROMA

Immaginate un sabato pomeriggio di sole, i saldi di fine stagione e la città che v'invita a fare una bella passeggiata in centro, fra negozi davvero interessanti. Ne avete già adocchiati un paio che però sono nelle zone a traffico limitato. Basterebbe prendere il motorino, ma voi non lo avete o non lo usate volentieri. Escludete anche l'autobus, perché c'è troppo traffico. E poi questo giro in centro avreste voglia di farlo con vostro figlio, perché può essere divertente andare per saldi insieme: frugare, scovare l'affare, comprare per lui e per voi le cose a metà prezzo. Così, pensa e ripensa, ecco che si fa strada l'idea della bicicletta: ma non la vostra o la sua, che sono al mare o nel garage dei nonni. Meglio una bici presa in affitto, che vi permette di andare in giro senza pensieri, anche nelle zone chiuse al traffico del centro di Roma. E lo shopping può trasformarsi in qualcosa di più: nel gusto di esplorare una bella piazza, pedalando intorno ai suoi monumenti; in un girovagare nelle stradine nascoste e nei vicoli a sorpresa; in una sosta vicino a una gelateria che vi attira, per un cono preso al volo, come dolce ricarica delle energie spese.

Se l'idea vi piace, ecco qualche suggerimento. A Roma centro sono davvero tanti i noleggiatori di biciclette: da villa Borghese a piazza Venezia, è tutto un formicolare di possibilità e nemmeno troppo costose. Ecco i migliori rent-bike della capitale.

Roma Rent Bike (via di S. Paolo alla Regola 33, tel. 380 6432278), Rolling Rome Tours & Rent (piazza del Gesù 47, tel. 348 6121355), Bici & Baci (vicolo del Bottino 8, tel. 06 6786788). E infine Topbike Rental, (via Labicana 49, tel. 06 4882893), che fornisce anche il *Child Extension Streamliner,* un carrellino-estensione che si applica alla bici degli adulti, per trasportare il bambino con voi. Per tutti comunque la formula è più o meno la stessa: il noleggio da una a quattro ore, oppure per l'intera giornata, include i caschi di protezione e la mappa della città.

Ma ci sarebbe anche un'alternativa, più comoda, contemporanea e costosa della comune bicicletta: noleggiare una bici elettrica. Se vostro figlio ha più di dodici anni, in quasi tutti i centri segnalati ne hanno diverse, di elevata qualità. Certo questa soluzione è meno sportiva, ma senz'altro utile nella nostra città, dove le salite sono numerose, anche in pieno centro. Qualunque sia la vostra scelta, una cosa è certa: dopo i piedi, la bici è il modo migliore per muoversi a Roma e riappropriarsi delle sue bellezze, senza rimanere intrappolati nel traffico. Una pedalata e via! Dove volete, quando volete, in libertà.

Da 8 anni in poi

79.

Un granchio d'acqua dolce a due passi da piazza Venezia

Granchietti vivi e vegeti, in carne e ossa, anzi in esoscheletro e chele, potete andarli a scovare con vostro figlio al Foro di Traiano. Vispi e in ottima salute, stanno lì da chissà quanto tempo, sopravvissuti all'aria inquinata del centro, alle schiere di turisti che affollano la zona e perfino ai rifiuti lasciati dai visitatori, di cui pare siano ghiotti. Fatto sta che questi granchietti, di colore rosa-viola, può capitare di incontrarli a pochi passi da piazza Venezia, ai Mercati Traianei o vicino alla base della Colonna Traiana. Munitevi di macchina fotografica ed entrate da via IV Novembre 94 per tentare la fortuna: se vi andrà male, avrete sempre visitato un sito affascinante, che fa parte del Foro di Traiano. Anche questo, come tutti i fori imperiali, portava il nome dell'imperatore a cui era dedicato e ne celebrava la grandezza. Fu realizzato grazie a un'idea geniale dell'architetto Apollodoro, che affettò un'intera collina per guadagnare spazio e realizzò così una piazza unica a Roma, con portici, biblioteche, una basilica e la spettacolare Colonna Traiana, che raccontava le vittorie dell'imperatore. Sul lato della piazza dove fu rasa la collina, i Mercati Traianei sono l'unica area del foro che potrete visitare interamente, curiosando fra scale, strade e ciò che rimane di un grande complesso di edifici, forse destinati a uffici o adibiti a varie attività commerciali. Durante la visita, suggerite a vostro figlio di cercare i granchietti guardando negli angoli più bui e nascosti. Se ne vedrà uno, dovrà essere proprio un granchio avventuroso e coraggioso, che si spinge fino alla zona aperta al pubblico. Perché quelli che sono stati avvistati finora (dai ricercatori dell'Università Roma Tre) si trovavano nell'area chiusa al pubblico, vicino alla grata di copertura di uno dei corsi d'acqua che scorrono sotto il Foro di Traiano. Da quel primo avvistamento (avvenuto qualche anno fa) si è formata un'équipe di studiosi per scoprire qualcosa di più sull'habitat di questi granchi cittadini, detti *Potamon fluviatili.* E pare che questa allegra colonia di crostacei sopravviva in piccoli tunnel sotterranei che portano alla Cloaca Maxima, la più grande fognatura dell'antica Roma. In un ambiente così umido e protetto, i granchietti si annidano nelle loro tane, dove crescono e si moltiplicano indisturbati. Gli unici che potrebbero cacciarli sono i topi, ma pare che qui non ce ne siano. Così i granchi oggi contano diverse migliaia di esemplari e misurano quasi il doppio rispetto ai loro parenti di fiume. Non si sa esattamente come siano riusciti ad arrivare fin qui: alcuni ricercatori sono convinti che ci vivano da moltissimo tempo, forse dall'epoca degli antichi romani. Tanto più che accanto alla Colonna Traiana c'era il *forum piscarium,* cioè il mercato del pesce, dove si vendevano anche i crostacei. Per svelare il mistero dei granchietti è questa l'ipotesi che ci piace di più. E chissà, forse piacerà anche al vostro bambino... Ma se avrà la fortuna di trovarne uno, è vietato toccarlo per non farlo morire di paura! Un consiglio che vale la pena seguire, per mantenere intatta e vitale questa incredibile fauna cittadina. Uno dei tanti miracoli di Roma.

Da 7 anni in poi

80.

Come scovare un piccolo drago, nascondersi in un bosco di pietra e arrivare al piede più baciato della città

Una bella passeggiata con i bambini al sole di Roma, allegra e piena di sorprese, che ha per mèta la basilica di San Pietro. Basta farsi venire qualche idea per trasformare la visita a uno dei luoghi più tradizionali della città in un esperimento giocoso, soprattutto se i bambini sono piccoli, vivaci e curiosi. Ma per coinvolgerli veramente, bisogna fare di tutto per tenerli sulla corda: proporre cose diverse, raccontare, cambiare direzione all'improvviso, farli partecipare. E poi volare in alto, concludendo questa visita bizzarra con una scalata vera e propria in cima al cupolone. Se l'idea vi piace, ecco come potrebbe iniziare la vostra piccola avventura. Partite da via della Conciliazione e percorretela tutta camminando a sinistra, con la basilica di fronte. Il primo obiettivo è la ricerca di un piccolo drago, raffigurato su una fontanella addossata al muro di palazzo della Rovere. Ma i bambini, si sa, hanno occhi acutissimi e quel draghetto lo troveranno in un baleno. Perciò dovrete cercare qualche altra curiosità che li sorprenda, per continuare la passeggiata in allegria.

Pochi metri prima di arrivare in piazza San Pietro, annunciate che state per lasciare l'Italia e per entrare nello Stato Vaticano. Poi suggerite ai bambini di cercare sul pavimento una striscia bianca che segnala proprio il confine fra i due stati. Varcato quel confine, finalmente la piazza è tutta per voi, con una nuova proposta in serbo: giocare a nascondersi in un bosco di pietra. È questa l'occasione per portarli a vedere il famoso colonnato di San Pietro, una delle scenografie più belle della città. Se i bambini sono grandi abbastanza, potete raccontare che quel bosco di colonne fitto fitto, che sembra abbracciare la piazza, è opera di un celebre artista, Gian Lorenzo Bernini, che a Roma ha progettato molti altri monumenti. E dopo che i bambini avranno giocato a nascondino, potete stupirli di nuovo: anche le colonne giocano a nascondino, provare per credere! Ecco due dischi circolari sul pavimento della piazza, fra l'obelisco e le fontane. Mettendo i piedi su quei dischi e guardando il colonnato si vedrà una sola fila di colonne: tutte le altre spariscono, come per incanto, perfettamente nascoste una dietro l'altra. Concluso l'esperimento, entrate finalmente nella basilica più famosa del mondo: grande, maestosa, nata da un'antica cappella costruita sulla tomba di San Pietro. Un santo così importante, va subito presentato ai bambini: conoscerlo è indispensabile ora che sono entrati nella sua casa. Lo trovate nella navata di sinistra, seduto sul trono, con barba e capelli ricci, l'aureola sospesa e una toga drappeggiata. Ma dall'orlo di quella toga ecco spuntare un piede, tutto consumato a furia di baci e di carezze. E dopo questa nuova scoperta, potete scegliere come e se continuare la visita dentro la chiesa... Oppure potete prendere per mano i vostri figli e salire insieme sulla cupola di Michelangelo. Ma senza l'ascensore (che non c'è)! Basterà fare cinquecentotrentasette gradini a piedi per arrivare nel punto più alto, da dove vi sembrerà di sorvolare Roma.

Da 5 anni in poi

81.

PIANTARE NELL'ORTO LA LATTUGA DELL'IMPERATORE

Sapevate che l'imperatore Augusto fu curato con la lattuga? E che il succo di margheritine di prato guariva le ferite dei legionari romani? Avete idea di quanto fosse efficace la borraggine per mandare via la tristezza o l'issopo per sconfiggere i pidocchi? Ecco una incredibile selezione di oltre cento varietà di piante usate dagli antichi romani, coltivate oggi in un'area verde nel Parco dell'Appia Antica: è l'HORTUS URBI, uno spazio che vi consiglio di visitare con i bambini, partecipando anche alle numerose attività pratiche che propone. Lo spazio si articola in orti e giardini, dove trascorrere alcune ore davvero diverse dal solito. L'ingresso è in via Appia Antica 42, presso l'ex Cartiera Latina: potete raggiungerlo in bici (sulla ciclabile Cristoforo Colombo), in autobus (fermata Domine Quo Vadis) o in macchina, parcheggiando a via Carlo Conti Rossini e poi seguendo il sentiero nel verde.
L'orto è composto da sedici aiuole quadrate, coltivate con il contributo di volontari che hanno reimpiantato semi di antichissime piante citate da autori latini (come Plinio il Vecchio, Catone, Virgilio) o rinvenute negli scavi di Pompei, realizzando anche una compostiera, un forno in terra cruda e un'area

per l'allevamento dei lombrichi. In uno spazio così magico e attivo, dove il verde si incontra con la storia della città, vengono proposte moltissime attività per tutti. Nei fine settimana, ecco i laboratori per famiglie con bambini: Orto creativo, Orto in tavola, Favole e acquerelli nell'orto, che coniugano fantasia e manualità con l'attenzione alla natura e alla biodiversità. Davvero insolite sono alcune proposte da non perdere: partendo dalla narrazione di un incontro fra steli di lavanda, spighe e rami di bambù, nasce il laboratorio Intrecci e telai, per costruire ciò che la natura suggerisce; oppure Rilegature naturali, che offre spunti per realizzare quaderni personalizzati, decorati con fiori e foglie.
Un ricco calendario di appuntamenti, passeggiate e attività manuali riguarda anche gli adulti, che potranno scegliere un loro programma specifico o affiancare i bambini impegnati nei laboratori.
A tutti un consiglio: tenete d'occhio le proposte dell'Hortus (pic-nic compresi!) che variano mese per mese, seguendo la natura e la stagionalità delle piante.
Per informazioni: www.hortusurbis.it

Da 3 anni in poi

82.

Smascherare l'uomo dei lucchetti e scoprire le altre storie di ponte Milvio

Ponte Milvio, uno dei ponti più antichi della città, per qualche anno ha cambiato faccia, diventando un set di moda, che i turisti andavano a visitare sulle tracce dell'Uomo dei lucchetti.
L'attrazione (non ci crederete!) era un grumo di ferraglia, arrugginito e pesantissimo, appeso ad uno dei suoi lampioni. Quel grumo, fatto di catene e lucchetti, era legato al nome di Federico Moccia, autore di un libro (da cui è stato tratto un film) i cui protagonisti si giurano eterno amore, davanti al terzo lampione del ponte, a cui incatenano due lucchetti per sigillare il loro legame; poi gettano la chiave nel fiume, perché custodisca il loro patto romantico.
Da questa fiaba dei nostri tempi, nacque una curiosa tradizione, che dilagò fra i giovanissimi. Improvvisamente sul lampione spuntarono catene e lucchetti, che in poco tempo si moltiplicarono: mille e più promesse furono affidate a quel ponte storico, impassibile testimone di questa nuova leggenda; mentre l'Uomo dei lucchetti apriva siti, blog e varie iniziative virtuali per diffonderla.

Tanto che altri lucchetti comparvero in altri luoghi storici della città e perfino in altre città italiane ed europee. Sono fenomeni questi, che non si possono ignorare, perché fanno parte di un mondo di comunicazione globale, di risonanza mediatica, che rispecchia la nostra società contemporanea. Ma è bene scoprire anche il finale della vicenda. Il Comune di Roma a un certo punto ha detto basta e nel 2012 ha ordinato la rimozione di quella ferraglia, che rischiava di compromettere la stabilità e l'estetica di uno dei luoghi più affascinanti della città che, oltre al romanzo di Moccia, nasconde ben altre storie!
Ponte Milvio è stato teatro di antichi scontri: qui si svolse (nel 312 d.C.) la famosa battaglia in cui l'imperatore Costantino sconfisse il rivale Massenzio, dopo aver adottato sulle insegne militari il simbolo della croce. Ma il ponte è legato anche alla storia più recente: lo attraversò il corteo di un papa, prigioniero delle truppe di Napoleone, che poi, tornato libero, affidò all'architetto Valadier il suo restauro e la costruzione della torretta che ancora oggi si specchia nel Tevere. Nel 1849 Garibaldi lo fece saltare, per impedire il passaggio delle truppe francesi e l'anno dopo fu ancora un papa a restaurarlo, Pio IX. Ecco, tutto questo potrete raccontarlo a vostro figlio, quando passeggerete con lui sul ponte, ammirandolo insieme; e magari gustandovi un buon gelato, che troverete nei tanti bar-gelaterie e chioschi che fioriscono là intorno.

Da 10 anni in poi

83.

Le sorprese della pizza fai-da-te nei pressi di piazza Navona

Può essere una vera sorpresa, una gioia per il palato, un esperimento, ma anche una soddisfazione come poche invitare vostro figlio a mangiare una pizza a La Focaccia, in via della Pace 11, dietro piazza Navona. Sembra una pizzeria come tante, ma nasconde un piccolo segreto, che è la chiave del suo successo. Oltre all'ottima qualità dei piatti e alla varietà di pizze, stuzzichini e dolci che propone, la sua attrattiva più forte e originale è la pizza fai-da-te. Questa trovata trasformerà vostro figlio in un piccolo cuoco, alle prese con gli ingredienti più vari, che potrà scegliere e abbinare come vuole, per comporre la sua pizza personalissima, condirla a modo suo e infornarla, sotto gli occhi attenti del cuoco vero, che lo seguirà in ogni sua mossa. Perché la sorpresa riesca, meglio non svelargli il segreto, finche non sarà inevitabile farlo. Lasciate che creda che si tratti di una pizzeria qualunque: perciò entrate, cercate un tavolino e aspettate. Dopo questi preliminari, arriva il momento di passare all'azione. Appena il cameriere avrà portato il menu, fingete che non ci sia niente che vi soddisfa e lanciate la

LA PIZZERIA LA FOCACCIA

vostra idea: «E se ce la facessimo da soli una bella pizza, condita come ci pare?». La proposta lo stupirà, anzi lo lascerà di stucco, ma vedrete che gli piacerà parecchio, soprattutto se è goloso e ama pasticciare con le mani. Eccolo, allora, dietro al bancone, che condisce, cosparge di pomodoro, sminuzza mozzarella, aggiunge ingredienti, aggiusta di sale, inforna. E dopo, lo guarderete gustarsi soddisfatto la sua pizza d'autore o commentare questa piccola impresa di cuoco provetto. E se la cosa vi diverte, provateci anche voi! Potete ripetere l'esperimento per una cena di famiglia o in una tavolata di bambini, magari per festeggiare una promozione o un compleanno. Tutti con le mani in pasta, naturalmente, a preparare la pizza fai-da-te e poi a gustarla, con l'acquolina in bocca.

Da 5 anni in poi

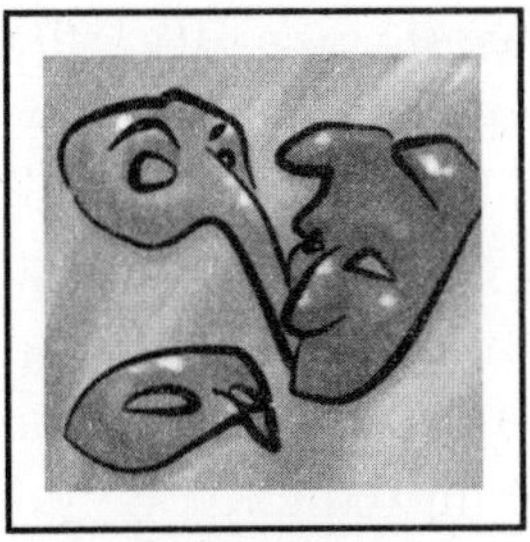

84.

Trasformarsi in una racchetta virtuale e costruire un vero robot

Una piccola Città dei Ragazzi super tecnologica nel verde di Villa Torlonia: è Tecnotown, dove andare con vostro figlio per offrirgli qualche ora di divertimento assicurato. Basta che abbia tra gli 8 e i 17 anni e che sia abbastanza curioso: il resto verrà da sé. Il bello di questo parco tecnologico immerso nella natura è che non ha stagioni, ma offre attività di livello avanzatissimo e giochi intelligenti in qualsiasi periodo dell'anno. In estate anche all'aperto e perfino di sera; in inverno solo al chiuso e fino alle 19:00, nel bellissimo Villino Medioevale, con ingresso da via Spallanzani 1/A. Le cose da fare e sperimentare a Tecnotown sono così tante che è impossibile raccontarle tutte. E perciò vi segnalo solo quelle che piaceranno a vostro figlio, ma anche a voi che lo accompagnate, vere sorprese per tutte le età.

Ad ogni ora parte un'attività differente, secondo un ricco calendario di appuntamenti, consultabile sul sito www.tecnotown.it. Come l'esperienza della visione e della creazione in 3D, con stampanti 3D, visori stereoscopici e altre tecnologie antiche e moderne che aiutano a stimolare e a sperimentare

la creatività anche nella terza dimensione. Oppure il gioco in uno spazio davvero speciale, che può far trasformare vostro figlio in una racchetta-virtuale del *flipball* o farlo interagire con i *digital floor*, straordinari pavimenti dotati di vita propria, che simulano effetti di grande suggestione e scenari che si modificano sotto i suoi occhi.
Molto diverso, ma sempre stimolante per i ragazzi e non solo, è il mondo del cinema e del doppiaggio, o quello degli effetti sonori: si può accendere la fantasia e l'abilità di vostro figlio, attraverso la tecnica dello stop-motion, oppure invitandolo a diventare attore per un giorno, davanti a una vera telecamera.
In questo laboratorio all'avanguardia, non può mancare l'attualità: il mondo delle news radio-televisive sarà alla portata di vostro figlio, che potrà diventare lo speaker di RadioTecnotown e magari scoprire che è davvero portato per questa professione. Per gli appassionati di robotica, ecco altre esperienze interattive che si rivelano vere e proprie avventure fra scienza e creatività: come entrare nel mondo del LEIS (Lego Education Innovation Studio) un luogo ideale per programmare e costruire piccoli robot Lego Mindstorms o per simulare missioni robotiche sempre nuove e coinvolgenti. Se vostro figlio invece è più incline alla suggestioni delle immagini, può sperimentare le caratteristiche della luce, creando foto nella camera oscura. Ampio spazio viene dato a Tecnotown anche alla natura e alle piante, nella sala dei botanici, per poi continuare gli esperimenti nella villa, tra microscopi, sensori e coltivazioni del futuro.
E a Tecnotown si può perfino "Vedere la musica", partecipando a un gioco straordinario che parte

dalla composizione elettronica di una partitura e poi ne trasforma i suoni rappresentandoli graficamente, con un effetto finale veramente suggestivo. Molte altre sono le attività proposte e il suo programma è in continua trasformazione, in base alle novità scientifico-tecnologiche che offrono una gamma di possibilità sempre diverse e aggiornate. Perciò informatevi, prima di andare. E magari, tra un'attività e l'altra, potrete cogliere l'occasione per una passeggiata nei viali alberati di Villa Torlonia, fra i suoi edifici storici, in uno scenario dove arte e natura sono tutt'altro che virtuali!
Per informazioni: 060608 - info@technotown.it

Da 8 anni in poi

85.

SULLA SCHIENA DI UN ASINO: GITA IN ARCHEOBUS VERSO L'APPIA ANTICA

In un giorno qualsiasi della settimana, potete organizzare con i bambini una vera gita, senza allontanarvi troppo dal centro della città. La vostra mèta è la regina delle strade, la via Appia Antica: un percorso nella storia scandito dal verde dei pini, ma denso di luoghi in cui fermarsi e di monumenti da vedere. Per trasformarlo in un piccolo viaggio e vivere tutte le emozioni che può darvi, ecco un suggerimento prezioso: salite tutti insieme sull'archeobus. È un autobus speciale (scoperto, quando il tempo è bello), che parte ogni mezz'ora da piazza dei Cinquecento, attraversa il centro e prosegue lungo il parco dell'Appia Antica. Durante il tragitto (che dura circa un'ora e mezzo) potete godervi il giro comodamente seduti, con la spiegazione di un'audioguida che vi illustrerà quei luoghi e le loro storie, mentre le immagini scorrono fuori dal finestrino. Ma se preferite una gita più dinamica, potete scegliere la formula Stop&Go, cioè scendere a ogni fermata, visitare un monumento, guardarvi intorno e poi risalire, per continuare il vostro viaggio nella storia. Le tappe sono tutte corrispondenti ai luoghi più suggestivi di

questa antica strada, costruita dai romani con una tecnica straordinaria, da raccontare ai bambini. La via Appia era dritta e lastricata con grosse pietre, in modo da risultare "a schiena d'asino", più alta al centro e pendente verso il lati: così l'acqua piovana scivolava via, senza formare pozzanghere. Nel vostro percorso, incontrerete vari tratti di quella pavimentazione antica. E non sarà difficile immaginare il cammino dei viaggiatori del tempo, le loro corse con carri e cavalli o le processioni segrete, che si svolgevano di notte, per seppellire i morti nelle catacombe.
Tra i luoghi dove fermarsi e scendere, le Catacombe di San Callisto e di San Sebastiano meritano proprio una visita con i bambini: erano i cimiteri sotterranei dei primi cristiani, con gallerie e cunicoli misteriosi, che somigliano proprio a un labirinto. Ma lungo la via Appia non mancano altre sorprese, come il Circo e il Palazzo di Massenzio, con l'impianto di riscaldamento ancora visibile o il Mausoleo di Cecilia Metella, tomba di una giovane donna romana, che è diventata il simbolo di questa antica strada. Finita la vostra gita, ecco di nuovo il centro di Roma: ancora una volta potrete scendere dove vi pare, per tornare a casa. E raccontare di aver viaggiato sulla schiena di un asino!

Da 6 anni in poi

86.

Lo strabiliante laboratorio del Maestro delle Mura

Non è un semplice laboratorio artistico, né un corso come tutti gli altri: è uno spazio unico a Roma e forse al mondo, trasformato in scuola di ceramica per bambini. Si trova *dentro* le mura Aureliane, nella Torre XXXIX: un atelier creato dal "Maestro delle Mura", il pittore e ceramista Francesco Randone, che fondò nel 1890 la Scuola d'Arte Educatrice, con lo scopo di iniziare all'arte "i figli del popolo". Il suo programma, allora rivoluzionario, fu apprezzato anche da Maria Montessori, che ne riprese alcuni elementi nella sua pedagogia scientifica. Da allora la scuola è sempre stata attiva, anche dopo la scomparsa del maestro, animata con passione dai suoi discendenti, e ha avuto una serie infinita di riconoscimenti. Ancora oggi si occupa di sviluppare quelle doti di creatività e fantasia, cioè di genialità, che sono naturali nei bambini; basta saperle stimolare: in un primo momento con attività guidate e poi lasciandoli liberi di ricercare forme nuove attraverso le loro infinite combinazioni. Così le opere di ceramica (dalle mattonelle ai piatti, dai vasi alle tazzine) nascono e prendono vita in quelle piccole mani, che selezionano terre, lavorano crete, usano il tornio, creano e compongono forme, assemblano, studiano bozzetti decorativi, disegnano, dipingono. E insieme scoprono la cottura nei forni, la pittura a gran fuoco e tutti i segreti dell'artigiano ceramista. I corsi si tengono ogni giovedì o venerdì dalle 16:30 alle 18:30 e comprendono una ventina di lezioni: se l'idea vi piace e vostro figlio ha un'età compresa fra i 6 e i 10 anni, andate con lui a visitare questa scuola, prima di iscriverlo. La trovate in via Campania 8-10 (per informazioni: tel. 06 42013970) e il luogo merita davvero, per la sua incredibile collocazione all'interno di una cinta muraria storica, tutta di mattoni, che corre per diciannove chilometri intorno al centro di Roma. Raccontate a vostro figlio che fu l'imperatore Aureliano a costruirle, nel III secolo, per difendere la città dai barbari. E le rafforzò con torri, in modo da renderle più sicure. Proprio in una di queste torri è nata la nostra scuola di ceramica, con la camera inferiore che ha ancora le feritoie per gli arcieri e quella superiore coperta da una straordinaria volta. Un luogo magico e suggestivo, che stupirà vostro figlio e farà correre la sua fantasia, prima ancora di educarlo a un'arte antica: quella di far nascere dalla terra una varietà di piccoli capolavori e di personalizzarli, decorandoli con la sua creatività. Come suggeriva il Maestro delle Mura.

Da 6 anni in poi

87.

Tirare la coda ai Corazzieri

È domenica dopo pranzo e siete a spasso con i bambini. Oppure li avete appena presi da scuola in un giorno feriale, ma la giornata è bella, i compiti pochi e non avete proprio voglia di tornare subito a casa. Pensate a un giretto per negozi, a un gelato, a una merenda in pasticceria, a qualcosa di piacevole per loro e per voi: una piccola esperienza breve e intensa, perché di tempo non ce n'è molto per organizzare così, su due piedi, un fuori programma pomeridiano. Che fare?
Se non siete troppo lontani dal Quirinale, ecco un suggerimento da cogliere al volo: andate tutti insieme a tirare la coda ai Corazzieri. Magari in senso metaforico, ma chissà, dopo averli incontrati, forse ci può scappare davvero! Tutti i giorni alle 15:15 e la domenica alle 16:00, davanti al Quirinale c'è il famoso cambio della guardia.
Protagonisti di questa piccola cerimonia sono dei carabinieri speciali che appartengono al corpo dei Corazzieri. Tutti altissimi (minimo 190 centimetri), vestiti con divise eleganti, sono gli angeli custodi del Presidente della Repubblica, perché formano la sua guardia d'onore e sorvegliano il palazzo presidenziale. Ma la loro caratteristica più evidente è quell'elmo straordinario, alto, cromato, ricco e scintillante, con tanto di pennacchio colorato e

I Corazzieri al Quirinale

coda di cavallo. Quella coda può essere bionda o bruna, ma è sempre lunga, lucente e molto curiosa. Di che cosa sarà fatta? Andiamolo a scoprire insieme.

Ecco la piazza, la sua fontana, i bei palazzi che la circondano: a destra c'è il palazzo del Quirinale, bianco ghiaccio, con le sue linee nette e sobrie. Mettetevi comodi e scegliete il punto migliore di osservazione, quello che vi permetterà di abbracciare con lo sguardo tutto l'insieme. È quasi l'ora, cominciano ad arrivare i primi segnali. Vedrete che i bambini non starenno nella pelle, perché l'attesa di questo momento è sempre emozionante: il cambio della guardia sta per iniziare!

Mentre vi godete lo spettacolo, con i suoi ritmi, i suoni, il rituale antico (e molto militaresco), ecco apparire i nostri Corazzieri. Guardateli bene, nei particolari del loro abbigliamento. E se siete fortunati, ce ne potrebbero essere anche alcuni a cavallo, ancora più alti e imponenti, come si presentano in certe parate ufficiali o nelle cerimonie solenni.

Erano i cavalli, un tempo, il loro unico mezzo di trasporto, oggi sostituito spesso da una motocicletta.

E con quei cavalli i Corazzieri formano un tutt'uno, tanto che la loro coda è fatta proprio con la coda di cavallo! Bianco o nero che sia, con quei crini lunghi e resistenti, spessi e lucenti, che verrebbe proprio voglia di toccarli. Così, quando lo spettacolo sarà finito, la gente se ne sarà andata e la piazza sarà tornata quella di sempre, se siete un genitore audace e avete ancora qualche minuto da spendere, potete provarci.

Avvicinatevi con il sorriso sulle labbra e i bambini per mano al Corazziere più simpatico che avete adocchiato davanti alla porta del Quirinale e chiedetegli, senza esitare: «Scusi, ce la fa tirare un attimo la sua coda?». E può anche succedere che vi dica di sì!

Da 3 anni in poi

88.

Come toccare il cielo con un dito

Un cielo stellato sopra di voi per viaggiare con gli occhi e con la fantasia alla velocità della luce, tra i segreti della volta celeste. Tutto questo potete farlo con vostro figlio in un insolito teatro, dentro il Parco di Villa Torlonia. Se entrate da via Spallanzani 1/A e proseguite verso destra, nei pressi della Palazzina Medievale, ecco lo Spazio Tecnotown, dove è stato trasferito il Planetario di Roma, in un grande pallone astronomico gonfiabile. È qui che inizia la vostra avventura fra le stelle: questa speciale macchina dello spazio e del tempo vi mette il cielo a disposizione. È un firmamento magico quello che vedrete sopra di voi, dove le distanze spaziali si misurano in anni luce. Sotto la cupola, si accende una riproduzione perfetta del cielo: i moti del Sole, della Luna e dei pianeti sullo sfondo dello Zodiaco, della Via Lattea e di 1500 stelle, le più luminose del cielo boreale e australe. Quando il proiettore ottico Cosmodyssée IV entra in azione, il vostro viaggio virtuale diventa una navigazione tridimensionale nello spazio profondo. E allora, perché no, potrete anche toccare il cielo con un dito. Basta immergersi nell'atmosfera magica del firmamento, attraverso simulazioni e proiezioni, ed ecco che i corpi celesti, le nebulose e le galassie vi sembreranno quasi a portata di mano. Così vostro figlio può avvicinarsi alle meraviglie del cielo, scrutare le stelle e conoscerne i segreti, in una mescolanza affascinante di emozione, tecnologia e rigore scientifico.

Il Planetario di Villa Torlonia, infatti, è un centro unico e all'avanguardia nel panorama dei progetti italiani di intrattenimento educativo dedicati alle nuove tecnologie, con percorsi sperimentali tra natura e scienza. L'obiettivo è coinvolgere i ragazzi tra 8 e i 17 anni nell'esperienza diretta dei fenomeni celesti, proponendo anche spettacoli riservati alle scuole. Piccoli astronomi e giovani esploratori, studenti e famiglie, potranno lanciarsi nelle profondità del cosmo per scoprire i segreti di astri, comete e galassie.

Una grande finestra aperta sul cielo, uno speciale teatro astronomico gonfiabile e le stelle che danno spettacolo: tutto questo piacerà parecchio a vostro figlio. E non solo a lui.

Per informazioni: 060608 - info@technotown.it

Da 8 anni in poi

89.

Alla Galleria Borghese, per copiare la pettinatura della principessa Paolina

Anche se siete già stati alla Galleria Borghese, tornateci con i bambini per conoscere tutti insieme la principessa Paolina. E per ammirare la sua complicata pettinatura, che poi, chissà, si potrebbe perfino imitare! *Paolina* è un'opera d'arte straordinaria, ma anche la protagonista di una storia che stuzzicherà la fantasia dei piccoli, soprattutto delle bambine. Entrando nella Galleria, dall'ingresso di via Pinciana, puntate subito verso la Sala di Paolina, che se ne sta lì, immobile, come una statua di marmo. Forse i bambini resteranno incantati vedendola così bella: una vera principessa adagiata fra le pieghe del tessuto, che la copre appena. Vi accoglie di spalle e bisognerà girarle intorno per guardarla negli occhi. Ecco il suo sorriso enigmatico e la testa coperta di riccioli, fermati da una fascetta, montati e appuntati, come a formare una piccola coda dietro e due ali davanti: un'originale acconciatura stile impero. Se i vostri figli vi chiederanno chi è o perché sta in quella posizione (semisdraiata e per giunta con una mela in mano!), potete raccontargli la sua storia. Paolina era sorella di Napoleone Bonaparte e moglie del principe Camillo Borghese, con il quale abitava

in questa bella villa romana. Quando lo scultore Canova progettò la sua scultura, nel 1805, decise di rappresentarla come una Venere sul triclinio, ispirandosi a un antico mito, quello del Giudizio di Paride. Paride doveva eleggere la dea più bella, fra tre concorrenti: Minerva, Giunone e Venere. Scelse Venere, dea della bellezza e dell'amore e le consegnò una mela d'oro, simbolo della vittoria. Così Canova, per trasformare Paolina in Venere, le chiese di posare seminuda, con una mela in mano. La scultura finita era perfetta, in marmo bianco patinato a cera, come per simulare una pelle vellutata. Certo, quella nudità per l'epoca era un po' scandalosa, ma la statua della principessa stava in una villa privata, lontana da sguardi indiscreti... sarebbe stata ammirata solo da suo marito Camillo, che la mise sotto chiave perché nessun altro potesse vederla.
Oggi, però, la villa della famiglia Borghese è diventata un museo aperto al pubblico e quella meravigliosa statua possiamo ammirarla tutti. Ma non possiamo più vederla ruotare, come succedeva un tempo. La base su cui in origine poggiava aveva dentro un meccanismo speciale che le permetteva di girare a trecentosessanta gradi, per essere osservata da ogni angolatura. Prima di continuare la vostra visita nella Galleria e di cercare altre opere da non perdere (come i quadri del Caravaggio, ad esempio), suggerite ai bambini di osservare bene l'acconciatura di Paolina, per farne un disegno o pettinare così una bambola, o per copiarla (con gel, fascetta e forcine) sui capelli veri di qualche amica vanitosa, che si presterà volentieri all'esperimento.

Da 5 anni in poi

90.

Con i nonni al seguito al Museo del Giocattolo di Zagarolo

Il Museo del Giocattolo di Zagarolo si autodefinisce un'idea vincente. E infatti lo è. Non solo perché dedica diciassette sale del palazzo Rospigliosi all'esposizione dei giochi e giocattoli più disparati, ma anche perché favorisce il confronto fra le generazioni, fra i gusti di ieri e di oggi. Decidere di andarci con vostro figlio è un'ottima idea, che può essere perfezionata se vi accompagneranno anche i nonni: per scoprire le differenze fra i vostri giochi, raccontarveli, parlarne insieme e tornare tutti un po' bambini, almeno per qualche ora.
Zagarolo dista da Roma solo una quarantina di chilometri e il suo palazzo Rospigliosi, ricco di affreschi, meriterebbe una visita a parte. Ma forse è meglio rimandarla, perché nell'ala dedicata al Museo del Giocattolo ci passerete almeno un paio d'ore. L'esposizione si estende per 1400 metri quadri di puro divertimento ed espone più di ottocento pezzi, che raccontano il modo di giocare in Italia nell'ultimo secolo. Appena entrati, noterete subito che il percorso si svolge per temi. Sarà quindi facile scegliere cosa vedere e cosa escludere. Oppure decidere di non perdersi niente e fermarsi in tutte

le sale di questo incredibile paese dei balocchi: dalla Sala del Trono ai Giochi Didattici, dalle Bambole al Circo, dal Modellismo alle Automobili, dai Giochi di Plastica a quelli Multimediali, passando attraverso il Cinema e il Teatro. La sezione dedicata al Teatrino delle Marionette è proprio una di quelle da non perdere. Vostro figlio resterà incantato dai vecchi teatrini ottocenteschi fatti in casa o da quelli delle piccole compagnie ambulanti: capolavori di un'arte nascosta, che lavorava solo per il divertimento dei bambini. Ma forse sarà attratto anche dal teatrino dipinto di *Cappuccetto Rosso*, degli anni Cinquanta (che certo i nonni ricordano) o dalle marionette immobili che si animano con i fili manovrati da mani esperte. E dopo il teatro, ecco due sale interamente dedicate alle Bambole e alle Case di Bambola, che raccontano uno dei giochi più antichi del mondo, comune a tutte le civiltà. Di bambole nel museo se ne trovano di ogni tipo e di varie epoche storiche, alcune talmente belle e accessoriate da catturare l'attenzione di tutti, grandi e piccoli.

E lo stesso vale per le case di bambola, così perfette, nei loro particolari e nei loro arredi, da sembrare miniature di case vere. Da non perdere anche le sale dedicate ai mezzi di trasporto giocattolo, riproduzioni fedelissime delle tecnologie di varie epoche. Anche i nonni troveranno in queste sale il loro piccolo gioiello nostalgico: un trenino con la sua stazione, una mini auto sportiva o magari chissà, il camioncino rosso dei loro ricordi d'infanzia. E nella Sala dei Giochi Multimediali, sarà vostro figlio a fare da guida, perché le tecnologie di gioco contemporaneo, lui le conosce bene e sa perfino quali siano già superate. Di questo straor-

dinario museo, il gioco multimediale è una delle tappe finali. Il punto di arrivo, per ora, di una lunga storia dedicata al divertimento, allo svago e alla fantasia dei bambini.
Per informazioni: 06 95769405

Da 3 anni in poi

91.

Hollywood, Disneyland e Gardaland in un solo negozio di giocattoli

A genitori e figli forse piacerà molto perché è una delle attrazioni della capitale per tutti i bambini: il super megastore dei giochi, a due passi da piazza Venezia, il Little Big Town, cioè la piccola grande città. Piccola, forse, solo perché vende cose per piccoli. In realtà è uno spazio enorme, articolato, che si sviluppa su tre livelli e infiniti metri quadri di vetrine e occupa alcuni ambienti laterali del palazzo delle Assicurazioni Generali.

Prima o poi dovrete farci una puntatina con i bambini (che equivale a passarci almeno un paio d'ore!), perché è un negozio che non si può ignorare: rispecchia i nostri tempi, le mode e la forza della pubblicità. Quando entrerete con i figli nello sconfinato mondo di Little Big Town, ecco quello che troverete. Tre piani di giocattoli in un'ambientazione fiabesca, curata da Valerio Mazzoli (che ha allestito il Disneyland parigino e il Gardaland italiano) e realizzata dagli scenografi di Cinecittà. Il negozio è abitato da draghi, folletti e personaggi Disney, fra luci strabilianti, colori pastello, riproduzioni e proiezioni, scale argentate e musica in

ogni stanza. Gli articoli in vendita sono oltre duemila: ci sono giocattoli di tutti i tipi, dai peluche, alle bambole, dai giochi elettronici d'avanguardia ai gadget con il marchio inconfondibile delle favole e dei cartoni più amati dai bambini; ma anche eventi, appuntamenti, proposte: come i pupazzetti fai-da-te (che si possono costruire e vestire a piacere), il truccabimbi, i giochi di magia, o i corsi di cupcake-design. Non manca nulla da Little Big Town, dove ogni desiderio diventa realtà. È questa la formula del grande negozio, che coniuga giocattoli di super-moda con atmosfere cinematografiche: una specie di baby Hollywood nel centro della città. Ma forse qualche desiderio riuscirà a restare tale: sarebbe da augurarselo per i nostri bambini. E chissà, magari si potrà anche trovare qualche gioco semplice e creativo, fra metri e metri di scaffali coloratissimi, anche se cercarlo lì dentro sarà come fare una caccia al tesoro! Che è pur sempre un gioco, e anche divertente!
Per informazioni: 06 69924226
info@littlebigtown.it

Da 3 anni in poi

92.

PERCHÉ SULL'ISOLA TIBERINA SBARCÒ UN ANTICO SERPENTELLO

Un'isola nel centro della città galleggia come una nave sul fiume. Chissà quante volte ci siete passati, o l'avete guardata dal lungotevere, o l'avete percorsa da un ponte all'altro. È un piccolo microcosmo incantato dove portare vostro figlio, perché racchiude edifici storici e antiche leggende, che certamente gli piaceranno. Le storie dell'Isola Tiberina hanno il fascino di un racconto che si srotola da un ponte all'altro, in uno degli scenari romani più belli e suggestivi. Da dove cominciare? Direi di partire proprio dal ponte Fabricio, il più antico della città e di attraversarlo all'altezza di piazza Monte Savello, dove fermano molti autobus ed è facile arrivare. L'altro si chiama ponte Cestio e collega l'isola alla parte opposta del Lungotevere: attraverso uno dei due ponti, si arriva subito nella piazzetta centrale con il monumento. Intorno c'è il verde chiaro dei platani che si specchia nel verde cupo dell'acqua. A sinistra c'è la chiesa di San Bartolomeo all'Isola, con accanto il piccolo ospedale Israelitico, che sta lì dalla fine dell'Ottocento. A destra da qualche secolo c'è il grande ospedale cattolico Fatebenefratelli. Accanto c'è la Farmacia dei frati, che ha ancora vasi di ceramica per le erbe medicinali, con cui tanto tempo fa gli speziali curavano molte malattie. C'è da chiedersi allora come mai, in una superficie cosi piccola di un'isola così piccola ci siano ben due ospedali e una farmacia. La risposta è in una buffa leggenda e nella storia antica dell'isola, legata da sempre a Esculapio, il dio della medicina. E in questa leggenda c'è di mezzo perfino un serpentello! Ecco cosa racconta.

Nel III secolo a.C., a Roma scoppiò una grave pestilenza e i romani, disperati, mandarono un gruppo di saggi con una nave in Grecia, presso il santuario di Esculapio, per fare offerte al dio della medicina e chiedergli di mettere fine alla pestilenza. Ma durante i riti propiziatori, accadde una cosa molto strana: un serpente andò a nascondersi nella nave romana. Sicuri che questo fosse un segnale divino, i saggi si affrettarono a tornare nella loro città con il serpente a bordo. La nave entrò a Roma risalendo il corso del Tevere, ma all'altezza dell'Isola Tiberina, il serpente scivolò fuori e si fermò sull'isolotto, indicando così il luogo prescelto da Esculapio. I saggi lo capirono subito (sennò che saggi erano?) e in breve tempo sull'Isola Tiberina fu costruito un tempio dedicato a lui. Quel tempio era una specie di ospedale sacro, dove si mescolavano pratiche di guarigione e riti religiosi. La pestilenza fu sconfitta e da allora l'isola è stata sempre dedicata alla cura dei malati. Ma del serpente si perse ogni traccia. Salvo ritrovarlo, ancora oggi, rappresentato nel simbolo della medicina: il bastone di Esculapio, che ha un serpente arrotolato intorno. Potete suggerire a vostro figlio di cercarlo nello studio del vostro medico o nelle farmacie, dove spesso è rappresentato sulla

L'Isola Tiberina

carta per impacchettare le medicine. Ma torniamo alla leggenda del serpente e alla nostra isola, che, per ricordare quell'evento, fu rimodellata a forma di nave, con blocchi di travertino sulle rive del fiume, disposti e scolpiti in modo da sembrare una poppa e una prua. E un obelisco venne messo al centro dell'area per ricordare l'albero maestro.
Ora che avete scoperto insieme i segreti dell'isola guaritrice, sarà facile per vostro figlio capire il perché della sua forma e della sua destinazione, ma non sarà facile, invece, rassegnarsi alla scomparsa del serpente. E magari se lo immaginerà nascosto in una fessura fra queste antiche pietre. Chissà che non abbia ragione?

Da 6 anni in poi

93.

VIAGGIO NEI FORI: IL RACCONTO DELLE PIETRE E DELLA LUCE

Per una serata indimenticabile da trascorrere con vostro figlio nel cuore dell'antica Roma, vi propongo questo straordinario "Viaggio nei Fori", un percorso all'avanguardia, altamente tecnologico e insieme rispettoso della bellezza dei luoghi e dell'importanza che questi hanno nella storia della città. Tutto ciò che vedrete è rigorosamente scientifico, ma anche avvincente: un esempio davvero riuscito di come sia possibile coniugare l'uso dei nuovi mezzi con il racconto visivo della storia antica.
Per intraprendere il vostro viaggio, dovete prenotarvi e acquistare i biglietti in tempo: consultate il sito www.viaggioneifori.it e fate una richiesta online, oppure telefonate allo 060608.
Da aprile a novembre, l'antica Roma torna a vivere in tutta la sua suggestione grazie a due proposte di visita del Foro di Cesare e del Foro di Augusto, nell'area archeologica dei Fori imperiali. In entrambi gli itinerari vedrete i luoghi così come si presentavano nell'antichità, attraverso un imponente gioco di luci che ne ricostruiscono i contorni, gli edifici, le prospettive e i particolari: una

rappresentazione multimediale emozionante e allo stesso tempo ricca di informazioni storiche e curiosità, guidata dalla voce di Piero Angela. Potrete seguire separatamente i due percorsi o farli nello stesso giorno, uno dopo l'altro. L'importante è che il sole sia già tramontato sulla città, perché è la luce la vera protagonista di questa narrazione, che è insieme la ricostruzione di quei luoghi imponenti e il racconto delle vicende degli uomini che fecero grande Roma. Ecco, siete entrati in uno spazio senza tempo: non dovete fare altro che osservare e aspettare che tutto ciò che vi circonda si animi e cominci a parlare.

Se sceglíete di "viaggiare" nel Foro di Cesare, il percorso sarà itinerante: voi stessi vi muoverete nella storia, seguendo le indicazioni della voce guida che vi accompagna. Si inizia percorrendo un tunnel sotterraneo, ricco di ricostruzioni e filmati che camminano con voi e raccontano la storia degli scavi realizzati in epoca fascista per la costruzione di via dei Fori Imperiali, quando un esercito di muratori, manovali e operai venne mobilitato per radere al suolo un intero quartiere e scavare in profondità fino a raggiungere il livello dell'antica Roma. Entrerete quindi nel vivo della storia e della vita romana al tempo di Cesare, quando funzionari, plebei, militari, matrone, consoli e senatori passeggiavano sotto i portici del Foro. Tra i colonnati rimasti, ecco riapparire le *tabernae*, cioè gli uffici e i negozi del Foro, e perfino le latrine pubbliche, di cui sono rimasti alcuni resti.

La visita rievoca dunque la vita quotidiana del Foro, ma anche la figura di Giulio Cesare che volle fosse proprio lì accanto la nuova sede del Senato

romano, la Curia: attraverso una ricostruzione virtuale, la rivedrete esattamente come appariva all'epoca.
Se sceglìete di "viaggiare" nel Foro di Augusto, starete seduti di fronte al sito, come davanti a uno schermo gigantesco. Anche qui la luce e la voce guida utilizzano in modo creativo i resti che avete sotto gli occhi, per far parlare il più possibile le pietre. Oltre alla ricostruzione fedele dei luoghi, con effetti speciali di ogni tipo, il racconto si sofferma sulla figura di Augusto, la cui gigantesca statua, alta dodici metri, dominava tutta l'area. Proprio con Augusto, Roma ha inaugurato un nuovo periodo della sua storia: l'età imperiale, che ha portato la città a regnare su un impero così esteso che comprendeva gran parte dell'Europa, del Medio Oriente e tutto il Nord Africa. Quell'impero non fu solo estensione territoriale, ma anche una grande civiltà fatta di cultura, tecnologia, regole giuridiche, arte e filosofia. In tutti i Paesi del mondo che ne facevano parte, ancora oggi sono rimaste le tracce di quel passato – anfiteatri, terme, biblioteche, templi, strade – che anche voi potrete rivivere in questo stupefacente viaggio nel tempo.

Da 7 anni in poi

94.

Magicland, il parco Arcobaleno

Si chiama Rainbow Magicland lo stupefacente parco tematico di Roma, che in verità si trova a Valmontone, a circa quaranta chilometri dalla città. Ma è uno spostamento che vale la pena fare perché ciò che il parco vi propone non è paragonabile a nessuna delle attrazioni consuete della capitale. Se prima di partire darete un'occhiata al sito con vostro figlio, questo basterà a fargli promettere tutto ciò che vorrete: ubbidienza assoluta, buoni voti a scuola, niente storie con le verdure bollite e via dicendo. Perciò armatevi di coraggio e di una punta di rassegnazione: passerete lì dentro un'intera giornata!

E ora qualche cifra. Il solo parco misura 185.000 metri quadrati, per non parlare dell'area parcheggio, della zona uffici e dei locali di servizio: una grande impresa ludico-turistica, ma anche una fonte di divertimento assoluto, perfettamente al passo con i nostri tempi. Se vostro figlio supera i 95 centimetri. di altezza, potrà fare tutte le attività che il luogo propone; se invece è più basso, avrà dei limiti, ma anche delle alternative, riservate ai più piccoli: tutte ugualmente magiche e coinvolgenti.

La particolarità di Magicland è il grande lago cen-

trale, intorno a cui si dispongono tutte le 36 attrazioni, i negozi, i punti di ristoro e le aree spettacolo. Caratteristica è la forte tematizzazione, che affronta i temi più diversi, dalle rovine Maya allo Steampunk, passando per dolmen preistorici, castelli e architetture reali o fantastiche di ogni epoca. Il tutto si ricollega al tema principale del parco: la magia.
Magicland ospita alcune attrazioni uniche in Italia, come il Dark Ride Interattivo Multidimensionale "Huntik 5D", ispirato all'omonima serie animata; Cagliostro, percorso a bordo di una vettura rotante, che si svolge interamente al buio, a volte squarciato da effetti luminosi colorati; Yucatan, un altro percorso, ma acquatico, all'interno della copia di un tempio Maya, da affrontare con barconi, attraverso due salite e due ripidissime discese, che spostano un'enorme quantità d'acqua; ancora acqua per Le Rapide, a bordo di gommoni, con cui domare un fiume impetuoso lungo oltre quattrocento metri. E si potrebbe continuare per un bel pezzo a descrivere tutti i giochi e le attrazioni, ma è meglio non togliervi il piacere della scoperta! È bene sapere, comunque, che per riposarvi un po', nel parco troverete anche due teatri per spettacoli e musical, un planetario e alcuni giochi più tranquilli, come il Carosello, le Tazze pazze, Il Castello di Alfea, il Pianeta Winx, una ricostruzione del Colosseo, con tanto di lotte fra gladiatori, e perfino il Regno dei Piccoli, un intero villaggio con attrazioni dedicato ai bambini da 0-12 anni. La mascotte del parco è il Gattobaleno, una specie di gattone romano con la coda arcobaleno... da cui *rainbow*!

Da 6 anni in poi

95.

Usare il naso per visitare il giardino degli aromi all'Orto Botanico

Un giardino speciale, ma anche una villa storica, un luogo pieno di sorprese e un concentrato di profumi. Tutto questo lo trovate all'Orto Botanico, in largo Cristina di Svezia 1, ai piedi del Gianicolo. Vi consiglio di andarci con vostro figlio in primavera, quando l'aria è dolce, gli odori penetranti e tutto comincia a fiorire. Le piante si svegliano, prendono vita e sembra quasi che siano loro ad accompagnarvi nell'esplorazione di questo straordinario museo all'aperto. Portate con voi: una lente d'ingrandimento, un fazzoletto per bendare gli occhi e una macchina fotografica; tutto vi tornerà utile. Varcato il grande cancello, inizia la vostra passeggiata nel verde, alla scoperta di una collezione di oltre 3500 piante rare e preziose. Potrete seguire tanti percorsi tematici (all'ingresso sono disponibili fogli-guida), oppure camminare senza mèta, tra laghetti, sentieri, serre e angoli nascosti, nel fitto della vegetazione o nei grandi viali aperti. Le possibilità sono troppe per parlarne in queste pagine, perciò vi suggerisco solo le specie più insolite e curiose, quelle che vostro figlio non deve assolutamente perdere. Varcate l'ingresso e

procedete sulla destra, dove incontrate il viale delle Palme: alcune sono altissime, altre nane, altre ancora strisciano come grossi serpenti. È questo il momento di scattare le prime foto: dovrete solo decidere vicino a quale palma mettervi in posa.
Da qui arrivate alla fontana dei tritoni e, lasciandovela alle spalle, salite a sinistra verso il roseto. Se avete seguito il mio consiglio ed è primavera le rose che vedrete sono in piena esplosione di forme, profumi e colori. Suggerite a vostro figlio di fare altre foto ai cespugli di rose più antiche e selvatiche, che riprese da vicino sembreranno dipinte. Il vostro percorso continua sulla sinistra e dopo aver costeggiato le felci, ecco un'insolita foresta di bambù: manca solo un panda, goloso dei suoi germogli! Percorrete la strada in salita, arrivate al giardino roccioso con la sua bella cascata e continuate poi verso il giardino giapponese, per scoprire i bonsai, alberi così piccoli che accanto a loro vostro figlio sembrerà un gigante! Siete sul punto più alto dell'orto: godetevi la vista su Roma. Da qui iniziate a scendere attraverso un sentiero boscoso per arrivare allo scalone barocco dove vi aspetta un vecchietto di oltre quattrocento anni: l'albero di platano più antico della città. È il momento di tirare fuori la lente d'ingrandimento e di esaminarlo bene da vicino perché il suo tronco, i suoi rami e le sue foglie hanno molte cose da raccontare. Poco più avanti, ecco tre fossili viventi: sono piante estinte da secoli e potete guardarle con lo stesso stupore che si prova di fronte a un dinosauro. Fra queste c'è il *Gingko biloba,* vissuto in epoca preistorica, che merita una bella foto. Da qui, superata la serra tropicale, c'è un laghetto dove, tra carpe e rane, spuntano piante acquatiche

straordinarie, come le romantiche ninfee. Nei paraggi sono tre le serre da non perdere: la serra Corsini, con piante grasse che sembrano sculture; la serra delle orchidee, con strane specie volanti, leggere come farfalle; e infine la serra delle piante carnivore, ghiotte di insetti. Questa, in particolare, piacerà a vostro figlio e se si apposterà qualche minuto in osservazione potrà, forse, cogliere il momento del pasto della pianta. E per finire, pronti a usare i vostri sensi: tatto e olfatto. Preparate il fazzoletto per bendarvi (a turno) gli occhi ed entrate nel giardino degli aromi. È una collezione di piante pensata per i non vedenti, ma aperta a tutti, dove si possono annusare spezie o riconoscere foglie ruvide e pelose, solo toccandole un po'. Fate a gara con il vostro bambino a chi ne riconosce di più, per scoprire poi la risposta giusta scritta sui cartellini. Un gioco per finire in bellezza la vostra visita verde e profumata, in questa piccola giungla nel cuore della città.

Da 5 anni in poi

96.

Lo spettacolo dell'acqua sottosopra

In piazza di Trevi e dintorni potete assistere con vostro figlio ai prodigi dell'acqua, protagonista di due spettacoli così diversi da stupirvi davvero: uno è all'aperto, esplosivo e famoso in tutto il mondo; l'altro è sotterraneo, silenzioso e quasi sconosciuto. Per seguire meglio il percorso dell'acqua, vi consiglio di cominciare da quello sotterraneo: l'ingresso è nel vicolo del Puttarello 25, dove trovate la Città dell'acqua. Incontrerete subito una scala stretta, che scende sotto il piano stradale, in un'atmosfera semibuia, raccolta e molto suggestiva. Il suono inconfondibile dell'acqua vi accompagna nell'esplorazione di questa grotta misteriosa, un'area archeologica occupata in origine da abitazioni di epoca romana. Nel tempo, due dei loro ambienti furono trasformati in un unico grande serbatoio d'acqua, che sgorgava nel sottosuolo e filtrava attraverso le antiche murature. Tutto ciò che si vede in questo luogo sembra come sospeso: anche i bambini resteranno stupiti e incantati, fra i resti degli edifici antichi, le luci fioche e le suggestioni dell'acqua. Ma le sorprese non sono finite: è ora di risalire in superficie e di incontrare dell'altra acqua, quella ru-

morosa, scrosciante, maestosa e scenografica della fontana di Trevi, che dista pochi passi dal nostro vicolo.
Più che una fontana sembra uno spettacolo teatrale, con l'acqua come colonna sonora che scende e dilaga. Gli attori sono di pietra, eppure si muovono, si piegano, si girano e avanzano tra scogli e rocce, tra spruzzi e cascate. C'è il dio Oceano che domina la scena sul suo carro a forma di conchiglia, trainato da due cavalli marini, uno tranquillo, l'altro imbizzarrito. Ci sono due tritoni che guidano i cavalli nella corsa. Uno di loro soffia forte nella sua conchiglia, per annunciare a tutti l'arrivo del dio. Chiedete a vostro figlio se sente i rumori dell'acqua che qui si trasformano in mille voci. Basta che metta in moto la sua fantasia e i personaggi reciteranno in questo teatro speciale per tutto il tempo che in cui saranno osservati. Questo trionfo di marmi e di spruzzi è uno dei luoghi più attraenti della città, una vera calamita per grandi e piccoli.
A completare le suggestioni da non perdere è il rito della monetina. Lanciarne una nella vasca della fontana di Trevi è una tradizione famosa e liberatoria: non solo perché garantisce un futuro ritorno nella città, ma anche per il gesto in sé, che ricorda quello antico di gettare nelle fonti sacre piccoli doni propiziatori agli dèi. Mettetevi di spalle all'acqua e poi via, un bel tiro all'indietro, senza esitazioni. La moneta andrà a raggiungere le altre sul fondo della vasca. E tutte insieme saranno molto utili alla Caritas, che le raccoglie ogni settimana.

Da 5 anni in poi

97.

UN SORSO A QUATTRO ZAMPE PER UNA SETE DA CANI

Se in famiglia avete un amico a quattro zampe, ma anche se non lo avete, attraverso questo insolito percorso potete far scoprire a vostro figlio una piccola sorpresa che Roma offre a chi ama gli animali e i cani in particolare: fontanelle storiche, nate come abbeveratoio per cani, piccoli monumenti nascosti in alcuni angoli della città. Portate con voi il cucciolone, se lo avete, oppure andate a curiosare da soli, se non lo avete, segnalando a qualche amico cinofilo queste buffe fontanelle a quattro zampe. Quella più antica e famosa si trova in piazza San Salvatore in Lauro, a due passi da via dei Coronari. La piazza, incantevole, si chiama così perché secoli fa era piena di alberi di alloro. Se invitate il vostro bambino a una mini caccia al tesoro, ecco che prima o poi la troverà da solo, questa fontanella bassa e molto carina. Per facilitargli il compito, potete dargli un indizio: l'acqua sgorga dalla gola di un leoncino, incorniciato da un piccolo arco. La fontanella risale al 1579 e ha risvolti storici che pochi conoscono. Fu voluta da un papa, Gregorio XIII, che ci fece mettere un'iscrizione in latino, per spiegare che la sua famiglia era così potente in città da

poter offrire da bere anche agli animali. Una premura molto rara in tempi come quelli!
Un'altra curiosa fontana per cani la trovate in via Veneto, vicino al civico 70, addossata al muro dell'Hotel Palace. È una delle più piccole fontane romane, con una posizione veramente inconsueta, praticamente rasoterra. La fontanella, in travertino, raffigura un cane che si solleva sulle zampe anteriori, come per affacciarsi in finestra: appena vostro figlio l'avrà osservata, forse vi chiederà il perché di quelle tre lettere "abc", scolpite in rilievo dietro la testa del cane. Potete raccontargli che via Veneto, al tempo della Dolce Vita, era una strada molto mondana, piena di locali alla moda. Fra questi, c'era un bar chiamato ABC, frequentato ogni giorno da un tale Mister Charlie: di lui si sa soltanto che era un personaggio in vista e che portava sempre con sé due cani di grossa taglia. Così il proprietario del bar decise di regalargli questa curiosa fontana, dove i suoi amici a quattro zampe potevano bere a volontà e resistere alla canicola delle lunghe serate estive! Ora che il locale non esiste più e di Mister Charlie si sono perse le tracce, l'abbeveratoio di via Veneto si inserisce a pieno titolo fra i piccoli monumenti della città nati per una sete da cani...

Da 4 anni in poi

98.

VOLARE AL SECONDO PIANO DEL COLOSSEO SU UN TRAMPOLINO VERDE

Si chiama parco del Colle Oppio, questo giardino incantato nel cuore della città, che riempie di verde uno degli angoli più belli di Roma. La primavera, l'estate e l'autunno sono le stagioni migliori per trascorrervi un paio d'ore con vostro figlio e scoprire un punto d'osservazione speciale sulla città. La vostra sarà una passeggiata nel verde di un parco secolare, piccolo e raccolto, dove archeologia e natura si tengono a braccetto. Entrate dall'ultimo ingresso di via delle Terme di Traiano e da lì, seguendo il muro di cinta, costeggiate i resti delle Terme e un piccolo parco giochi, fino ad arrivare al viale della Domus Aurea. Sulla sinistra incontrate un bar con i tavolini e sulla destra un percorso fra pini, cipressi, palme, olivi e cespugli profumati.

Percorrete il viale centrale, vi sembrerà di camminare sopra uno straordinario trampolino, che vi lancia in volo fino al secondo piano del Colosseo. E infatti eccolo là: un punto di osservazione, insolito e suggestivo, per ammirare questo gigante dell'archeologia romana, che sembra stia aspettando proprio voi. Suggerite al vostro bambino di guardarsi intorno: ecco là sotto, a sinistra, il *Ludus Magnus*, la casa palestra dei gladiatori, mentre quella collina sulla destra nasconde la *Domus Aurea*, dimora principesca dell'imperatore Nerone. Su questo piccolo colle romano non vi accorgerete nemmeno del traffico, dei pullman carichi di turisti che passano sotto di voi: vi sembrerà di essere in un'oasi verde e isolata, dove vi aspettano prati ombrosi e panchine, per giocare, leggere o fare uno spuntino. Sarà piacevole anche curiosare nei dintorni del parco, tutti bellissimi, fra scorci panoramici e palazzi storici, nel saliscendi morbido delle strade. Merita una visita l'Auditorium di Mecenate (per informazioni: 060608), in via Merulana, che nasconde un'antica sala da pranzo veramente speciale, con i giardini affrescati sulle pareti e una piccola cascata d'acqua: un incantevole ninfeo, in questo angolo di Roma pieno di sorprese.

Da 5 anni in poi

99. Pizzotti e altre squisitezze preparati da persone un po' speciali

Non distante dal Parco degli Acquedotti e da Cinecittà, c'è il Quadraro, una zona periferica del quartiere Tuscolano, dove si trova un insolito ristorante pizzeria, nascosto e appartato. È la Locanda dei Girasoli, una mèta dove andare con i bambini, per gustare insieme tutte le specialità che offre, ma soprattutto per conoscere il progetto da cui nasce questo locale. Non a caso il suo simbolo è il girasole, un fiore che rappresenta la gioia e la solarità di un'idea forte, d'amore e di speranza.

Qualche anno fa, un gruppo di genitori di ragazzi affetti dalla sindrome di down decisero di formare una cooperativa, I Girasoli, e di aprire un ristorante, per dare un lavoro e un futuro ai loro figli. Inizia così la storia della locanda, che da allora coinvolge i ragazzi down in moltissime attività, dalla spesa alla cucina, dal servizio ai tavoli all'accoglienza degli ospiti. Sono soci lavoratori a tutti gli effetti, seri e professionali, ma anche allegri e creativi: persone speciali, con inaspettate capacità, non solo culinarie, ma anche di rapporto con i clienti. Il personale della locanda è coordinato da

alcuni soci fondatori (come il direttore Billy) e da uno chef storico, Gianfranco, che si fa aiutare dai ragazzi in varie mansioni e insegna loro i suoi segreti ai fornelli. Il progetto ha creato e continua a offrire posti di lavoro per giovani che avrebbero difficoltà a trovarne altrove, facilitando la loro integrazione e fornendo opportunità per una vita normale.
Oltre all'idea da cui è nata la locanda, ci sono altri ottimi motivi per andarci con i bambini: gustosissimi piatti tipici della cucina laziale, toscana e siciliana, e ricette mediterranee rivisitate. E poi la pizza: squisita, ricca e appetitosa, cotta nel forno a legna e ricoperta da condimenti classici o creativi, oppure piegata in due per formare originalissimi pizzotti (chiamati "barzotti"), un delizioso incrocio fra pizza e calzone. Si potrebbe continuare a lungo ed elencare il fitto menù: fritti e dolci, pasticci e tegamini... Ma è meglio lasciare la sorpresa, una volta entrati nel locale, colorato e accogliente, con sale semplici e allegre. Troverete anche un angolo per lo shopping, dove comprare canovacci, grembiuli e oggetti da cucina, decorati con un girasole: il protagonista di questa bella storia.
Per informazioni: 06 7610194
info@lalocandadeigirasoli.it

Da 3 anni in poi

100.

In casa del signor Enrico, a caccia di cartoline

Per un pomeriggio insolito con vostro figlio, che ne dite di fare una visita al signor Enrico? Basta prendere la metro B, scendere alla fermata Cavour e poi percorrere un breve tratto a piedi, fino a via del Cardello 14, che è proprio l'indirizzo di casa sua. Meglio telefonare qualche giorno prima, però, perché potrebbe essere andato a caccia di cartoline!

Se vi state domandando che scherzo è questo, ecco subito svelato il mistero. Il signor Enrico Sturani ha una sua fantastica, ricchissima, singolare collezione privata di cartoline illustrate di ogni epoca e paese, 140.000 pezzi che provengono da tutto il mondo e che raccontano, con testi e illustrazioni, pezzetti di storia e di vita.

In più il signor Enrico è talmente cordiale e gentile da aprire la porta di casa sua a tutte le persone curiose (bambini compresi), che hanno voglia di vedere la sua collezione, per compiere uno straordinario viaggio immaginario nel tempo e nei luoghi più impensati.

Basta prendere un appuntamento con lui (tel. 06 486970), entrare nelle sue stanze ed ecco da centinaia di cartelle riposte negli scaffali verranno fuori raccolte di cartoline antiche e moderne, scritte in ogni lingua possibile, e illustrate con riproduzioni, disegni, dipinti, caricature di ogni tipo: dalle cartoline umoristiche, a quelle dei "fidanzatini"; dalle raccolte di animali a quelle dei cosiddetti "bimbi buoni", fino a quelle di guerra, surrealiste o futuriste. Il valore aggiunto di questa visita, sarà la voce del signor Enrico, le sue spiegazioni e i racconti che vi farà, per introdurvi nel suo mondo di carta, per coinvolgervi e appassionarvi. Scoprirete così, insieme a vostro figlio, che le cartoline (che oggi purtroppo nessuno scrive più) sono un mezzo straordinario per conoscere non solo la storia e la geografia, ma anche la mentalità della gente, la cultura, la psicologia, la società. Un piccolo strumento insolito per curiosare nella vita delle persone o per divertirsi con qualche buffa scoperta. Come quella delle cartoline-maschera, che cambiano perfino i connotati del viso! Se vostro figlio le indosserà e si guarderà allo specchio (il signor Enrico ne ha certamente uno) potrà prendere spunto per il prossimo carnevale!

Da 7 anni in poi

101.

MOSCHEA E SINAGOGA DA CONDIVIDERE CON I BAMBINI

Quasi tutte le chiese romane sono cristiane, ma le comunità cittadine che professano altre religioni, come quella ebraica o islamica, si riuniscono e vanno a pregare nei loro luoghi di culto. Andarle a scoprire con i bambini è un'esperienza forte, interessante e molto educativa. È importante conoscere per capire che ci sono anche *altre* culture diverse dalla nostra, con radici profonde nella religione. Se condividete questa idea, potete portare vostro figlio a visitare i due centri religiosi più famosi della città: la Sinagoga e la Moschea.

Per gli ebrei romani la Sinagoga è un punto di aggregazione oltre che un luogo di preghiera: la chiamano il Tempio Maggiore ed è uno dei più grandi d'Europa, costruito nei primi anni del Novecento appena fuori dal Ghetto, il loro antico quartiere. La trovate a Lungotevere de' Cenci: è grande, massiccia, con una base quadrata e una grossa cupola. L'interno, che si può visitare su prenotazione (per informazioni: tel. 06 68400661), ospita il Museo Ebraico e gli spazi destinati alla preghiera, ai riti e alle cerimonie, come la stanza maggiore, decorata con motivi orientali. Su tre lati, in posizione rialzata, c'è il matroneo, il posto delle donne, che assistono alle funzioni separate dagli uomini: anche per le bambine vale questa regola, dopo aver raggiunto i dodici anni, la loro maggiore età religiosa. Entrati in questa stanza, noterete il grande *Aron,* l'armadio sacro che contiene i rotoli della legge che sono letti durante le funzioni del sabato, giorno, per gli ebrei, dedicato al culto e al riposo e alla festa. Se porterete vostro figlio a visitare la Moschea, il luogo di preghiera e d'incontro della comunità islamica, informatevi sugli orari e chiedete una guida autorizzata (per informazioni: 060608 - info@openhouseroma.org), che vi illustrerà nei dettagli questo edificio enorme e straordinario, il più grande d'Europa, progettato e realizzato da Paolo Portoghesi, costruito nel 1995. È in via della Moschea 85, alle pendici del Monte Antenne: si nota immediatamente perché spicca chiarissima, grande e isolata tra il verde che la circonda, con il suo colore bianco latte e la cupola grigia. L'interno è spettacolare: fra i mosaici blu turchese e le scritte coraniche, un bosco fitto di colonne copre tutto lo spazio. Sembrano giganteschi alberi di travertino, che si spingono in alto e intrecciano i loro rami, formando archi da cui filtra la luce. Prima di entrare in questo luogo sacro e suggestivo, le donne si coprono la testa e tutti lasciano fuori le scarpe: qui si prega a piedi scalzi, grandi e bambini, inginocchiati sui tappeti, in silenzio e raccoglimento. E tutti si rivolgono verso la Mecca, la città santa dell'Islam: la sua direzione è segnalata dal *mihrab,* una nicchia sacra per i fedeli. Dalla vostra visita a questi due luoghi religiosi forse nasceranno domande, curiosità, riflessioni, da approfondire o di cui parlare, dopo aver condiviso un momento importante di conoscenza.

Da 8 anni in poi

Ringraziamenti

Vari "consulenti" mi hanno dato una mano nella stesura di questo libro: sono stati contributi diversi, ma tutti preziosi. E meritano davvero un grazie.
Mia figlia Martina, perché un giorno, da piccola, mi ha fatto capire come fosse possibile scoprire Roma con gli occhi di un bambino. È stata lei a suggerirmi che giocare con i luoghi e i monumenti della città era l'unico modo per accendere come un fiammifero la sua fantasia. Così le ho dato retta. Il ricordo di quelle nostre passeggiate di molti anni fa, delle sue domande e del suo stupore mi accompagna ancora oggi.
La cooperativa ArteInGioco, dove ho lavorato per molti anni, perché mi ha dato l'opportunità di inventare e sperimentare percorsi sempre nuovi per coinvolgere i ragazzi delle scuole nella conoscenza di Roma, senza quel velo di pedanteria che spesso rende inutili e noiose le visite didattiche.
Paolo Petroni, lettore attento di queste pagine, che mi ha dato suggerimenti preziosi, incoraggiandomi ma anche criticandomi quando certe idee mi prendevano la mano.
Giusi Sorvillo, la mia prima editor, lettrice esperta ma anche mamma curiosa, che si è avvicinata a questo libro con grande entusiasmo.

Le mie amiche Arianna, Costanza, Daniela, consulenti speciali, rispettivamente, per le grattachecche, la pizza fai-da-te e lo zucchero filato.
E infine i miei amici a quattro zampe, Meg e Said, che mi hanno suggerito di scovare nella città angoli e monumenti dedicati a tutti i loro simili.

INDICE

MARIAELENA LA BANCA

Giochi intelligenti e creativi da fare con il tuo bambino da 0 a 5 anni

Mariaelena La Banca è una pedagogista. Dal 2004 è coordinatrice di attività didattiche all'asilo nido e alla scuola dell'infanzia. Ha una rubrica di ascolto e sostegno alla genitorialità in un sito specializzato (pianetamamma.it) e un suo blog (yummymummyematteo.blogspot.com) entrambi seguitissimi.

Pagine 192 - Euro 10,00

Il mio bambino non ha ancora cinque anni... Come posso riuscire a incuriosirlo e a stimolarlo?
Quali sono i giochi più adatti alla sua età? Mille domande affollano la testa di un genitore che impara a trascorrere il tempo con il proprio figlio. Sì, perché, nonostante tutto l'amore per il nostro piccolo, non sempre riusciamo a trovare soluzioni per intrattenerlo e divertirlo. Soprattutto quando fuori piove da due giorni, o è finita la scuola, o il pomeriggio è lungo e lui non vuole saperne di dormire... Ecco allora 101 giochi intelligenti e creativi divisi per fascia di età, da organizzare fuori o dentro casa, in inverno o in estate, con pochi materiali semplici e sicuri. E scoprirete che far giocare il bambino è facilissimo, basta scatenare la fantasia. Così, mentre cantate a squarciagola, con le mani appiccicose di colla o impastate di farina, o vi esibite in mille acrobazie con la corda o l'hula-hoop, ritroverete il sapore della vostra infanzia e sarete voi a non voler più smettere di giocare!.

NEWTON COMPTON EDITORI

GIOVANNA CANZI – DANIELA PAGANI

101 cose da fare a Milano con il tuo bambino almeno una volta nella vita

Giovanna Canzi, laureata in lettere antiche, vive da sempre in bilico fra editoria e giornalismo. È editor per una società che progetta e realizza libri per ragazzi e collabora ad alcune testate scrivendo di arte e di cultura. Tutti i giovedì cura una rubrica su «Tutto Milano» di «la Repubblica» dal titolo Mamma Poppins. Per la Newton Compton ha scritto *L'arte di cucinare alla milanese*, con Daniela Pagani, e *101 modi per diventare una Supermamma.*

Daniela Pagani, milanese d'adozione e amante della letteratura in tutte le sue forme, fa convivere l'attività di ufficio stampa editoriale con l'insegnamento universitario. Ha scritto con Giovanna Canzi *101 cose da fare a Milano con il tuo bambino* e *L'arte di cucinare alla milanese.*

Pagine 336 - Euro 5,90

Che cosa hanno in comune le rovine del Palatino e le sedie impagliate di una latteria d'epoca? E cosa unisce il sapore unico della pajata al profumo conturbante dei roseti in piena fioritura? L'eternità della capitale è il filo rosso che si srotola passo dopo passo, colle dopo colle, secolo dopo secolo abbracciando i mille volti della città, i suoi monumenti più noti, ma anche i luoghi segreti e gli angoli in cui una storia imponente svela la ricchezza di tutti i suoi anni. I centouno itinerari che in questo libro tentano di raccontare Roma invitano ad attraversare la Città Eterna passando dai capolavori di Caravaggio alle periferie di Pier Paolo Pasolini; dalla contemplazione delle architetture barocche alla degustazione dei piatti più antichi della tradizione; dalle testimonianze dell'epoca imperiale ai suoi mercati più colorati e rappresentativi. È una Roma, questa, da scovare nel grande e nel piccolo, fra i fasti di una nobiltà antichissima così come nella memoria e fra le vie appartenute al suo popolo sovrano. Una Roma immortale da conoscere in centouno mosse. Centouno passeggiate e altrettante esperienze che bisognerebbe proprio fare almeno una volta nella vita.

NEWTON COMPTON EDITORI

ILARIA BERTRAMME

101 cose da fare a Roma almeno una volta nella vita

Ilaria Beltramme è nata a Roma nel 1973 e spera di morirci vecchia e felice il più tardi possibile. Appassionata della sua città e di storia dell'arte, è anche traduttrice di fumetti e romanzi. È ancora convinta che il Tevere sia una divinità. Con la Newton Compton ha pubblicato *101 cose da fare a Roma almeno una volta nella vita*, *101 perché sulla storia di Roma che non puoi non sapere*, *Forse non tutti sanno che a Roma...*, *La storia di Roma in 100 monumenti e opere d'arte* e i romanzi *La società segreta degli eretici* e *Il papa guerriero*.

Pagine 336 - Euro 5,90

Che cosa hanno in comune le rovine del Palatino e le sedie impagliate di una latteria d'epoca? E cosa unisce il sapore unico della pajata al profumo conturbante dei roseti in piena fioritura? L'eternità della capitale è il filo rosso che si srotola passo dopo passo, colle dopo colle, secolo dopo secolo abbracciando i mille volti della città, i suoi monumenti più noti, ma anche i luoghi segreti e gli angoli in cui una storia imponente svela la ricchezza di tutti i suoi anni. I centouno itinerari che in questo libro tentano di raccontare Roma invitano ad attraversare la Città Eterna passando dai capolavori di Caravaggio alle periferie di Pier Paolo Pasolini; dalla contemplazione delle architetture barocche alla degustazione dei piatti più antichi della tradizione; dalle testimonianze dell'epoca imperiale ai suoi mercati più colorati e rappresentativi. È una Roma, questa, da scovare nel grande e nel piccolo, fra i fasti di una nobiltà antichissima così come nella memoria e fra le vie appartenute al suo popolo sovrano. Una Roma immortale da conoscere in centouno mosse. Centouno passeggiate e altrettante esperienze che bisognerebbe proprio fare almeno una volta nella vita.

NEWTON COMPTON EDITORI

Cinzia Giorgio

È facile vivere bene a Roma se sai cosa fare

Cinzia Giorgio è dottore di ricerca in Culture e Letterature Comparate. Si è specializzata in Women's Studies e in Storia Moderna, compiendo studi anche all'estero. Organizza i salotti letterari dell'Associazione di Studi Umanistici Leussô di Roma e insegna Storia delle Donne all'Uni.Spe.D. È autrice di saggi scientifici e romanzi. Per la Newton Compton ha pubblicato *Storia erotica d'Italia*, *Storia pettegola d'Italia* e *La collezionista di libri proibiti*.

Pagine 320 - Euro 9,90

Visitare un museo di notte, cenare su un aereo, ascoltare un concerto in un salotto, ballare il tango in libreria, assaggiare la birra e il cioccolato dai trappisti e tanto altro ancora: Roma è una città magica in cui è quasi impossibile annoiarsi. Basta poco per stare bene, se si sa dove andare. La felicità delle piccole cose è a portata di mano, e in genere non è cara. Alcune delle soluzioni proposte in questa guida alternativa sono assolutamente gratuite e insolite: fare passeggiate romantiche o assistere all'uccisione di Giulio Cesare, oppure dedicarsi a passatempi più impegnativi come la lettura di un antico manoscritto alla Biblioteca Angelica, la visita alla bottega di un antiquario o prendere parte a un corso universitario senza iscriversi all'università. Roma ha molto da offrire a chi vuole vivere esperienze particolari. Perché in fondo, per dirla con gli inglesi, There's no place like Rome, o anche, con Silvio Negro, «Roma non basta una vita».

Claudio Colaiacomo

Keep calm e passeggia per Roma

Claudio Colaiacomo è nato a Roma nel 1970 dove attualmente vive. Laureato in Fisica, lavora per una multinazionale olandese. Si occupa di sviluppo del potenziale umano. Coach professionista, insegna Mindfulness e pratiche meditative in azienda. Da diversi anni si interessa di storia romana antica e moderna. Con la Newton Compton ha pubblicato *Il giro di Roma in 501 Luoghi*, *Roma perduta e dimenticata*, *I Love Roma*, *Keep calm e passeggia per Roma* e *Il romanzo della grande AS Roma*. Lo potete seguire su Facebook e su Twitter.

Pagine 416 - Euro 9,90

Percorsi per conoscere Roma più da vicino, lasciando che le bellezze della Città Eterna scorrano lentamente davanti a noi. Non solo monumenti, chiese e palazzi ma anche scorci, atmosfere e personaggi. Claudio Colaiacomo – già autore di Il giro di Roma in 501 luoghi, Roma perduta e dimenticata e I love Roma – prende per mano il lettore e vaga con lui tra strade, vicoli e piazze, sia nei luoghi fondamentali della storia capitolina, sia in quelli più suggestivi e in quelli meno noti. Centro e periferia, rioni storici e quartieri alla moda, palazzi secolari e aree verdi che neanche immaginavamo di avere a portata di mano: questa meraviglia chiamata Roma si svela davanti ai nostri occhi nei suoi mille volti, accompagnando i nostri passi.

NEWTON COMPTON EDITORI